그림으로 배우는

사주통변실례 ③

(종 격)

辛丁庚庚　　壬丁乙甲
丑酉辰申　　寅卯亥寅

범전 김 춘 기

백산출판사
BAEKSAN Publishing

그림으로 배우는
사주통변실례 ③
(종격)

　부족함이 많은 졸작(拙作)이었음에도 불구하고 『그림으로 배우는 사주원리』
를 비롯한 사주이론서와 『사주통변실례 ①』, 『사주통변실례 ②』에 대해서 보
내주신 독자들의 격려에 깊은 감사를 드린다.

　이번에는 종격(從格) 사주 중 종강격(從强格) 사주와 종재격(從財格) 사주에
대해서 간략하게 설명해 보았다.

　종격(從格) 사주는 신왕격(身旺格), 신약격(身弱格)으로 구분되는 억부격(抑
扶格)과는 다른 이론을 적용하여 용신(用神)을 찾고 운세를 해석하기 때문에
난해한 요소가 있는 것이 사실이다.

　하지만, 신왕격(身旺格) 사주를 설명한 『사주통변실례 ①』과 신약격(身弱格)
사주를 설명한 『사주통변실례 ②』를 이해하신 독자라면 누구나 종격(從格) 사
주에 대한 통변 설명도 어렵지 않게 이해하실 것으로 사료된다.

항상, 변함없이 큰 애정을 베풀어 주신 백산출판사 진욱상(秦旭相) 사장님과 지도 편달해 주신 대한현공풍수지리학회 최명우(崔明宇) 회장님께 깊은 감사를 드린다. 장영권을 비롯한 허병호, 이제인, 조영자 등 언제나 다정한 〈황전 45 회〉 친구들과 항상 격려해주는 이재훈 친구, 그리고 편집부 여러분께도 고마운 인사를 드린다.

독자 여러분의 학문적 발전과 건승을 기원한다.

을미년 초여름

김 춘 기

차례

제1장 종격이란?

1. 격의 종류 ·· 15
2. 억부격 ··· 16
   가. 신왕격 / 16
   나. 신약격 / 16
3. 종격 ·· 17
   가. 종왕격 / 18
   나. 종강격 / 20
   다. 종아격 / 21
   라. 종재격 / 22
   마. 종살격 / 23
4. 화기격 ··· 24

제2장 종강격 통변 실례

Ⅰ. 종강격 명보기

1. 종강격 사주 뽑기 ···································· 31
2. 오행의 역량 분석 ··································· 40

3. 종강격의 통변 ·· 45
   가. 종강격 기본도 / 45
   나. 통변 순서 / 46
   다. 종강격 통변 실례 / 49
      (1) 성품 / 49
      (2) 조상 / 56
      (3) 부모 / 57
      (4) 형제 / 58
      (5) 배움(학문) / 58
      (6) 배우자 / 59
      (7) 자식 / 60
      (8) 시부모 / 62
      (9) 처가 / 63
      (10) 직장, 명예, 관운 / 64
      (11) 직업 / 64
      (12) 재물 / 65
      (13) 건강 / 66
      (14) 부부관계 / 66
      (15) 행운 / 67
      (16) 궁합 / 68
      (17) 개운책 / 69
      (18) 간명 주의사항 / 69

II. 종강격 운보기

1. 종강격 운의 희기 ·· 73
2. 종강격의 길운과 흉운 ································ 74
3. 운에 따른 종강격의 변화 ·························· 77
   가. 종강격 기본도 복습 / 77
   나. 木운 / 79
   다. 火운 / 81
   라. 土운 / 83

마. 金운 / 85

바. 水운 / 87

사. 간지에 따른 종강격 운세 통변 / 89

    (1) 甲운 / 89

    (2) 乙운 / 91

    (3) 丙운 / 93

    (4) 丁운 / 95

    (5) 戊운 / 97

    (6) 己운 / 99

    (7) 庚운 / 101

    (8) 辛운 / 103

    (9) 壬운 / 105

    (10) 癸운 / 107

    (11) 子운 / 109

    (12) 丑운 / 111

    (13) 寅운 / 113

    (14) 卯운 / 115

    (15) 辰운 / 117

    (16) 巳운 / 119

    (17) 午운 / 121

    (18) 未운 / 123

    (19) 申운 / 125

    (20) 酉운 / 127

    (21) 戌운 / 129

    (22) 亥운 / 131

제3장 종재격 통변 실례

I. 종재격 명보기

1. 종재격 사주 뽑기 ·· 137

2. 오행의 역량 분석 ················· 144
3. 종재격의 통변 ················· 149
　가. 종재격 기본도 / 149
　나. 종재격 통변 실례 / 151
　　(1) 성품 / 151
　　(2) 조상 / 156
　　(3) 부모 / 157
　　(4) 형제 / 158
　　(5) 배움(학문) / 158
　　(6) 배우자 / 160
　　(7) 자식 / 161
　　(8) 시부모 / 162
　　(9) 처가 / 163
　　(10) 직장, 명예, 관운 / 164
　　(11) 직업 / 164
　　(12) 재물 / 165
　　(13) 건강 / 166
　　(14) 부부관계 / 166
　　(15) 행운 / 167
　　(16) 궁합 / 168
　　(17) 개운책 / 169
　　(18) 간명 주의사항 / 169

Ⅱ. 종재격 운보기

1. 종재격 운의 희기 ················· 173
2. 종재격의 길운과 흉운 ················· 174
3. 운에 따른 종재격의 변화 ················· 177
　가. 종재격 기본도 복습 / 177
　나. 木운 / 179
　다. 火운 / 181
　라. 土운 / 183

마. 金운 / 185

바. 水운 / 187

사. 간지에 따른 종재격 운세 통변 / 189

    (1) 甲운 / 189

    (2) 乙운 / 191

    (3) 丙운 / 193

    (4) 丁운 / 195

    (5) 戊운 / 197

    (6) 己운 / 199

    (7) 庚운 / 201

    (8) 辛운 / 203

    (9) 壬운 / 205

    (10) 癸운 / 207

    (11) 子운 / 209

    (12) 丑운 / 213

    (13) 寅운 / 215

    (14) 卯운 / 217

    (15) 辰운 / 221

    (16) 巳운 / 223

    (17) 午운 / 227

    (18) 未운 / 229

    (19) 申운 / 231

    (20) 酉운 / 233

    (21) 戌운 / 237

    (22) 亥운 / 241

제 **1** 장

종격(從格)이란?

1. 격(格)의 종류

사주의 대표적인 격(格)은 다음과 같이 분류할 수 있다.

대 표 3 격	구 성 내 용	
① 억부격(抑扶格)	㉮ 신왕격(身旺格)	
	㉯ 신약격(身弱格)	
② 종 격(從 格)	㉮ 종왕격(從旺格)	
	㉯ 종강격(從强格)	
	㉰ 종아격(從兒格)	
	㉱ 종재격(從財格)	
	㉲ 종살격(從殺格)	
③ 화기격(化氣格)	㉮ 갑기화격(甲己化格)	
	㉯ 을경화격(乙庚化格)	
	㉰ 병신화격(丙辛化格)	
	㉱ 정임화격(丁壬化格)	
	㉲ 무계화격(戊癸化格)	

2. 억부격(抑扶格)

강한 것은 억압(抑壓)해 주고 약한 것은 부조(扶助)해 주는 것이 마땅하다는 이론에 근거하여 용신(用神)을 찾아야 하는 사주의 형태이다.

가. 신왕격(身旺格)

사주에 일주(日主)를 생조(生助)하는 오행이 많아서 일주(日主)의 역량이 강해진 경우로서, 일주(日主)를 설기(泄氣)하는 오행 중에서 용신(用神)을 찾아야 한다.

나. 신약격(身弱格)

사주에 일주(日主)를 설기(泄氣)하는 오행이 많아서 일주(日主)의 역량이 약해진 경우로서, 일주(日主)를 생조(生助)하는 오행 중에서 용신(用神)을 찾아야 한다.

70~80%에 달하는 대부분의 사주는 억부격에 해당하므로 억부용신론은 매우 중요하다.

3. 종격(從格)

한 가지 오행이 지나치게 강하여 극설(剋洩)로서 억압(抑壓)하기가 곤란할 경우에는 차라리 그 강한 기운을 따르는 것이 마땅하다는 이론에 근거하여 용신(用神)을 찾아야 하는 사주의 형태이다.

일주(日主)가 강한 기운을 따른다고 하여 "전왕격(全旺格)"이라고 하며, 일주(日主)가 자신의 역할을 포기한다고 해서 "기명격(棄命格)"이라고도 한다.

 진종(眞從)과 가종(假從)

일주(日主)가 자신을 버리고 강한 기운을 따르게 되는 상황은 특수한 경우이기 때문에 종격(從格)이 되기 위해서는 반드시 일정한 조건에 부합되어야 한다.

조건에 부합되면 "진정으로 따른다"고 하여 진종(眞從)이라 하고, 조건에 부합되지 않으면 "거짓으로 따른다"고 하여 가종(假從)이라고 한다. 가종(假從)일 경우에는 종격(從格)이 아닌 것으로 본다.

가. 종왕격(從旺格)

사주가 전체적으로 비견(比肩)과 겁재(劫財)로 구성되어 있기 때문에 강한 비겁(比劫)의 기운을 따르게 된 사주의 형태이다. 자신을 비롯한 친구들이 만들어 낸 조직(組織)의 능력이 막강할 경우에는 자신의 안위(安危)를 친구들과 함께 지키게 된다는 이치로서, 이후 자신의 길흉은 조직(組織)의 번영이나 몰락에 따르게 된다.

* **조건**

  • 비견(比肩), 겁재(劫財) 이외의 오행이 없을 것

     (인성 1~2개는 무방함)

* **길운(吉運)** : 비겁(比劫)운.

지나치게 크고 힘이 강한 경우라면 다이어트 대신 씨름선수를 선택할 수 있다.

종왕격(從旺格)의 종류

- **곡직격(曲直格)** : 甲乙(木) 일주가 집권한 경우
  교육, 사회산업 분야에서 명성을 얻는다.

- **염상격(炎上格)** : 丙丁(火) 일주가 집권한 경우
  정신문화, 전기, 화력 분야에서 성공한다.

- **가색격(稼穡格)** : 戊己(土) 일주가 집권한 경우
  종교, 법조계, 부동산 업계 종사자가 많다.

- **종혁격(從革格)** : 庚辛(金) 일주가 집권한 경우
  검찰, 법관, 군인, 철강산업에 많다.

- **윤하격(潤下格)** : 壬癸(水) 일주가 집권한 경우
  대민봉사, 수자원 개발사업에서 능력을 발휘한다.

 종왕격(從旺格)의 성정(性情)

- 강직하고 단순하다.

- 의지가 강하여 파란을 극복한다.

- 스케일이 크고 도량이 넓다.

- 적(敵)에게는 냉혹한 경향이 있다.

나. 종강격(從强格)

사주가 전체적으로 편인(偏印)과 정인(正印)으로 구성되어 있기 때문에 강한 인성(印星)의 기운을 따르게 된 사주의 형태이다. 자신의 능력이 전혀 없는 처지에서 어머니의 능력이 막강할 경우에는 하는 수 없이 마마보이가 되어서 능력있는 어머니에게 자신의 안위(安危)를 의탁하게 된다는 이치로서, 이후 자신의 길흉은 어머니의 번영이나 몰락에 따르게 된다.

* **조건**

  • 일주(日主)가 음간(陰干, 乙 丁 己 辛 癸)일 것
  • 편인(偏印), 정인(正印) 이외의 오행이 없을 것
    (관살 1~2개는 무방함)

* **길운(吉運)** : 인성(印星)운, 관살(官殺)운

나이 어린 임금은
수렴청정하는
모후(母后)를 의지한다.

다. 종아격(從兒格)

사주가 전체적으로 식신(食神)과 상관(傷官)으로 구성되어 있기 때문에 강한 식상(食傷)의 기운을 따르게 된 사주의 형태이다. 노쇠하거나 병약하여 자신의 능력이 전혀 없는 처지에서 자녀(子女)의 능력이 막강할 경우에는 하는 수 없이 능력있는 자녀에게 자신의 안위(安危)를 의탁하게 된다는 이치로서, 이후 자신의 길흉은 자녀의 번영이나 몰락에 따르게 된다.

* **조건**

  • 일주(日主)가 음간(陰干)일 것
  • 식신(食神), 상관(傷官) 이외의 오행이 없을 것

* **길운(吉運)** : 식상(食傷)운

자식을 따르는 것은
삼종지도(三從之道)로서
당연한 이치이다.

라. 종재격(從財格)

사주가 전체적으로 편재(偏財)와 정재(正財)로 구성되어 있기 때문에 강한 재성(財星)의 기운을 따르게 된 사주의 형태이다. 병약하거나 사업실패로 인하여 자신의 능력이 전혀 없는 처지에서 아내의 능력이 막강할 경우에는 하는 수 없이 공처가(恐妻家)가 되어서 능력있는 아내에게 자신의 안위(安危)를 의탁하게 된다는 이치로서, 이후 자신의 길흉은 아내의 번영이나 몰락에 따르게 된다.

* **조건**

  • 일주(日主)가 음간(陰干)일 것
  • 편재(偏財), 정재(正財) 이외의 오행이 없을 것
    (식상 1~2개는 무방함)

* **길운(吉運)** : 재성(財星)운, 식상(食傷)운

아내에게는 지는 것이
곧 이기는 것이다.

마. 종살격(從殺格)

사주가 전체적으로 편관(偏官)과 정관(正官)으로 구성되어 있기 때문에 강한 관살(官殺)의 기운을 따르게 된 사주의 형태이다. 자신의 능력이 전혀 없는 처지에서 남편의 능력이 막강할 경우에는 능력있는 남편에게 자신의 안위(安危)를 의탁하게 된다는 이치로서, 이후 자신의 길흉은 남편의 번영이나 몰락에 따르게 된다.

* **조건**

  • 일주(日主)가 음간(陰干)일 것
  • 편관(偏官), 정관(正官) 이외의 오행이 없을 것
    (재성 1~2개는 무방함)

* **길운(吉運)** : 관살(官殺)운, 재성(財星)운

능력있는 남편을 따르는 것은 삼각오륜(三綱五倫)에도 합당한 처사이다.

4. 화기격(化氣格)

일주(日主)가 간합(干合)을 하고, 간합(干合)을 방해하는 오행의 역량이 미미하여 동화(同化)의 조건이 성숙되면 일주(日主)의 성질이 변하게 된다는 이론에 근거하여 용신을 찾아야 하는 사주의 형태이다.

㉠ **갑기화격(甲己化格)** - 화토격(化土格)

㉡ **을경화격(乙庚化格)** - 화금격(化金格)

㉢ **병신화격(丙辛化格)** - 화수격(化水格)

㉣ **정임화격(丁壬化格)** - 화목격(化木格)

㉤ **무계화격(戊癸化格)** - 화화격(化火格)

 화기격(化氣格)의 길 · 흉신

길신(吉神)은 간합(干合)과 화(化)를 도와주는 오행이고, 흉신(凶神)은 합화(合化)를 방해하는 오행이다.

지금까지 종격(從格) 사주 이론에 대해서 간단히 살펴보았다.

이제부터 종격(從格) 중 丁火 일주(日主)가 만들어 낼 수 있는 종강격(從强格)과 종재격(從財格)의 사주 통변에 대해서 알아보기로 하자.

종격(從格)의 용신찾기는
억부격(抑扶格)의 경우와
정반대가 되므로 주의할 점이 많다.

제2장
종강격 통변실례

I. 종강격 명(命) 보기

1. 종강격 사주 뽑기

　명(命)보기는 일주(日主)와 십신(十神)의 짜임 및 역량, 그리고 역할에 대하여 알아보는 과정으로서 8개의 오행(五行)을 소재로 활용하여 기본적인 풍경화를 그리는 작업이다.

　사주를 뽑는 과정에서 발생할 수 있는 오류를 줄이기 위해서는 명(命)보기를 시작하기 전에 ① 연간(年干)을 기준으로 해서 월주(月柱)가 제대로 뽑혔는지 ② 일주(日主)를 기준으로 해서 시주(時柱)가 제대로 뽑혔는지 확인하는 습관을 가지는 것이 좋다.

* 월건법(月建法)과 시두법(時頭法)의 비교

구 분	子	丑	寅	卯	辰	巳	午	未	申	酉	戌	亥	子	丑
甲己년 월건법	-	-	丙	丁	戊	己	庚	辛	壬	癸	甲	乙	丙	丁
甲己일 시두법	甲	乙	丙	丁	戊	己	庚	辛	壬	癸	甲	乙	-	-

☞ 월건법과 시두법은 그 뿌리가 같음을 알 수 있다.

　명(命)보기를 시작해보자.

　사주는 甲寅년 乙亥월 丁卯일 壬寅시이다.

　지장간(支藏干)은 정기(正氣)에 해당한다.

시	일	월	년
+㉭정관	-㊌일주	-㉰편인	+㉰정인
壬	丁	乙	甲
寅	卯	亥	寅
+㉰정인	-㉰편인	+㉭정관	+㉰정인
戊丙甲	甲乙	戊甲壬	戊丙甲

木	㊋	土	金	水
5	1	0	0	2

　사주(四柱)를 뽑으면 일주(日主)의 신왕(身旺), 신약(身弱)과 오행(五行)의 희기(喜忌)를 판별할 수 있도록 오행(五行)의 개수(個數)를 파악한다. 일주(日主) 오행에는 ○ 표시를 해서 다른 오행과 구별해 두고, 십신(十神)과 지장간(支藏干) 등을 적어둔다.

십신(十神) 파악시 주의할 점

　십신(十神)을 파악함에 있어서 지지(地支)의 음양(陰陽)에 대해서 특별히 주의할 점이 있다. 亥를 양수(陽水)가 아닌 음수(陰水)로 분류하는 등 오류를 범하는 사례가 비일비재하기 때문이다.

　寅을 양목(陽木)으로 분류하는 것은 寅의 지장간 戊丙甲 중 정기(正氣)가 양목(陽木)인 甲木이기 때문이다. 같은 원리로서, 亥는 지장간 戊甲壬 중 정기(正氣)가 壬水이므로 양수(陽水)로 분류하는 것이 마땅하다.

오행의 음양(陰陽)에 대해서 주의해야 할 지지(地支)는 4개이다.

지지	지장간	정기의 음양
亥	戊甲壬	壬 (양水)
子	壬 癸	癸 (음水)
巳	戊庚丙	丙 (양火)
午	丙 丁	丁 (음火)

사주의 기초 이론인 지장간(支藏干)의 원리를 잘 이해하고 있으면 오류를 범하지 않을 것이다.

지지(地支)는
2~3개의 천간(天干)이 모인
혼합 불순물이다.

시	일	월	년
+⑳정관	-⑨일주	-⑥편인	+⑥정인
壬	丁	乙	甲
寅	卯	亥	寅
+⑥정인	-⑥편인	+⑳정관	+⑥정인
戊丙甲	甲乙	戊甲壬	戊丙甲

木	⑨	土	金	水
5	1	0	0	2

丁火 일주(日主)가 정관(正官)의 계절인 亥월에 태어났다.

丁일생의 亥월은 왕·상·휴·수·사 가운데 사(死)에 해당하여 일주(日主)가 실령(失令)을 하였기 때문에 쇠약해질 우려가 있다. 亥월은 초겨울로서 壬水·亥水가 얼기 시작하지만 丁火가 녹여주기 때문에 해빙(解氷)이 되고 있는 상태이다.

일주(日主)를 포함한 火 비견·겁재는 딱 1개인데, 火를 생조(生助)해 주는 인성(印星)은 5개로서 막강하다.

일주 丁火를 생조(生助)해 주는 인성(印星)은 5개로서 막강한 반면에 일주 丁火를 극설(剋洩)해 줄 오행은 水 관살(官殺) 2개에 불과하여 전체적으로 볼 때 6 : 2로서 생조오행이 더 막강하므로 신왕(身旺)한 사주가 되었다고 말할 수 있다.

일단 신왕한 사주로 판단하고 오행의 희기(喜忌)를 판별하는 작업에 착수할 수도 있겠지만 시간(時干) 壬水가 일주 丁火와 丁壬으로 간합(干合)을 하여 木을 생성하고, 월지(月支) 亥水가 연지(年支) 寅木과 寅亥로 지합(支合)을 하여 木을 생성하는 한편으로 월지(月支) 亥水는 일지(日支) 卯木과 亥卯(未) 반합(半合)을 하여 거듭하여 木을 생성하고 있는 바 관살(官殺)의 변질(變質)작용이 심상치 않다.

결국, 관살 壬水와 亥水가 합을 통하여 木으로 변질됨에 따라 일주(日主) 丁火를 제외한 7개의 오행들이 모두 木의 기운으로 통일이 되고, 丁火 일주 역시 丁壬합에 직접 참여하고 있기 때문에 木의 기운이 넘치고 있음을 알 수 있다.

일주가 丁壬합을 하고
木의 기운이 강하기 때문에
화목격(化木格) 사주가
될 수도 있다.

시	일	월	년
+(水)정관	-(火)일주	-(木)편인	+(木)정인
壬	丁	乙	甲
寅	卯	亥	寅
+(木)정인	-(木)편인	+(水)정관	+(木)정인
戊丙甲	甲乙	戊甲壬	戊丙甲

木	火	土	金	水
5	1	0	0	2

그 결과 사주(四柱)는 木 인성(印星) 한 가지 오행으로 지나치게 편중되었으므로 진정으로 종강격(從强格)이 될 수 있는지 그 진가(眞假)를 세심히 살펴봐야 한다.

종강격(從强格)의 조건

① 일주(日主)가 음간(陰干)일 것
② 인성(印星) 이외의 오행이 없을 것
   (관살 1~2개는 무난)

본 사주는 일주(日主)가 丁火로서 음간(陰干)이고, 관살(官殺) 2개가 모두 합(合)을 통하여 인성(印星)으로 변질됨으로써 木으로 통일되었기 때문에 종강격(從强格)이 된다. 진종(眞從)이다.

본 사주를 억부격 이론으로 보면, 생조(生助)하는 오행이 많으므로 강해진 일주(日主)의 기운을 설기(泄氣)하는 오행 중에서 용신(用神)을 찾아야 하는 신왕격(身旺格) 사주이지만 사주가 전체적으로 편인(偏印)과 정인(正印)으로 구성되어 있음으로 인해서 강한 인성(印星)의 기운을 따르게 된 종강격(從强格) 사주로 판별하였기 때문에 억부격(抑扶格)과는 이론을 달리하여 용신(用神)을 찾아야 한다.

- **길운(吉運)** : 인성(印星)운, 관살(官殺)운

강한 木 기운을 설기(泄氣)하는
火·土·金은 흉신(凶神)이 된다.

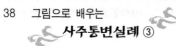
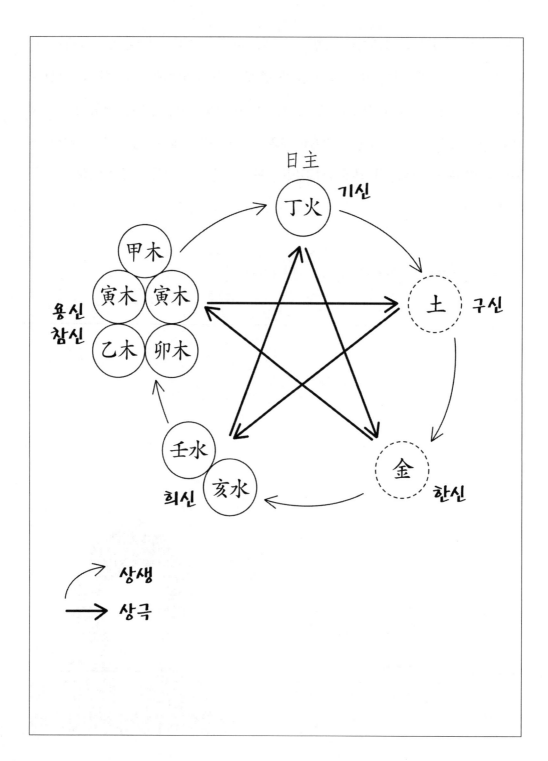

* **희신(喜神) : 水**

  용신 木을 생조하고, 기신 丁火 일주를 억압한다.

* **용신(用神), 참신(讖神) : 木**

  종강격 사주이므로 강한 木 기운은 최대 길신(吉神)이다.

* **기신(忌神) : 丁火**

  木 기운을 소비하는 丁火 일주가 최대 흉신이다.

* **구신(仇神) : 土**

  용신 木을 약화시키고 희신 壬水, 亥水를 극한다.

* **한신(閑神) : 金**

  木을 약화시키면서 한편으로는 水를 지원한다.

☞ 사주에 구신(仇神)과 한신(閑神)이 존재하지 않아서 진정한 종강격 사주
  가 되었다.

2. 오행의 역량 분석

시	일	월	년
+水 정관	-火 일주	-木 편인	+木 정인
壬	丁	乙	甲
寅	卯	亥	寅
+木 정인	-木 편인	+水 정관	+木 정인
戊丙甲	甲乙	戊甲壬	戊丙甲

木	火	土	金	水
5	1	0	0	2

 일주 丁火

먼저 일주 丁火의 역량을 알아보자.

① 음화(陰火)이니 그 역량이 작다.

② 일주 이외에는 비견, 겁재가 없으므로 그 세력이 작다.

③ 막강한 木 집단의 생조 지원을 받고 있기 때문에 그 역량이 증가된다.

④ 일주의 역량을 설기(泄氣)시키는 土·金이 없으므로 역량 감소는 없다.

일주 丁火의 역량이 작고 비견(比肩), 겁재(劫財)가 없어 그 세력이 작은 상황은 종강격 사주로서 바람직하다.

木

이번에는 사주를 장악한 木 집단의 역량을 알아보자.

① 木 인성(印星)은 모두 5개로서 막강하다.

② 壬水, 亥水 관살(官殺)의 지원을 받아서 더욱 강해진다.

③ 壬水는 정임합목(丁壬合木)을 하고, 亥水는 인해합목(寅亥合木), 해묘
   합목(亥卯合木)을 하여 水가 모두 木으로 화(化)함으로써 木의 기운이
   더욱 막강해진다.

④ 木을 설기(泄氣)하는 일주 丁火가 허약하니 역량 감소가 미미하다.

⑤ 木을 약화시키는 土 · 金이 없으니 木의 역량 감소가 없다.

역량 검사를 해 보니 진정으로 木 집단의 세력이 막강함을 알 수 있다.

사주의 모든 역량이
木으로 집중되었다.

시	일	월	년
+㊌정관	-㊋일주	-㊍편인	+㊍정인
壬	丁	乙	甲
寅	卯	亥	寅
+㊍정인	-㊍편인	+㊌정관	+㊍정인
戊丙甲	甲乙	戊甲壬	戊丙甲

木	㊋	土	金	水
5	1	0	0	2

 水

이번에는 희신(喜神)으로 분류된 水 관살(官殺)의 역량을 알아보자.

① 亥水가 월지(月支)를 장악하였기에 水의 역량이 강하다.

② 壬水가 시간(時干)에 투출하여 水의 역량이 강하다.

③ 亥水는 인해합목(寅亥合木), 해묘합목(亥卯合木)을 하여 木으로 화(化)함으로써 水의 기운은 약화되고 木의 기운이 막강해진다.

④ 壬水는 정임합목(丁壬合木)을 하여 木으로 화(化)함으로써 水의 기운은 약화되고 木의 기운이 막강해진다.

⑤ 土·金이 없으니 水의 역량 변화에는 영향이 없다.

역량 검사를 해 보니 水 집단은 모두 木 집단에 동화되었기에 水의 기운은 약화되고 木의 세력이 막강함을 알 수 있다.

土·金

사주에 土·金이 없으니 木의 역량 변화에는 영향이 없다.

 역량 분석 결과

역량 검사를 해 보니 木의 세력이 막강하여 사주 판세를 장악하고 있음을 알수 있고, 그 결과 일주 丁火는 木에 진종(眞從)하고 있음을 알 수 있다.

주상(主上)께서는
이 어미만 믿고
따르시오.

+㊌정관 -㊋일주 -㊍편인 +㊍정인   木 ㊋ 土 金 水

壬 丁 乙 甲   5 1 0 0 2
寅 卯 亥 寅

+㊍정인 -㊍편인 +㊌정관 +㊍정인

3. 종강격의 통변

가. 종강격 기본도

일주(日主)가 丁火이니 그림의 주제는 "등불"이다.

그러나 등불은 나무로 만든 나룻배 안에서 보일 듯 말듯 존재한다.

야간의 뱃길을 밝히기 위함인지, 아니면 나룻배의 난방을 위함인지 등불의
존재 이유는 분명치 않으나 그 화세(火勢)는 미약하다.

튼튼한 갑판은 甲木으로 만들어졌고, 돛이나 밧줄은 乙木, 卯木 등 음목(陰
木)으로 만들어졌다.

정임합목(丁壬合木)과 인해합목(寅亥合木), 해묘합목(亥卯合木)은 壬水와 亥
水가 벌인 합이므로 물에 젖은 나무들로서 이들이 나룻배의 밑바닥을 형성하고
있는 것이다.

평소에 나무들 때문에 큰 불편을 겪고 있던 丁火 일주는 강한 나무(木)로 튼
튼한 나룻배를 만들어 돈벌이에 나섰다. 등불의 불빛이 약한 것은 문제가 되지
않았다. 등불이 너무 커져서 나룻배에 화재가 발생하기라도 한다면 그게 더 큰
문제가 될 수 있을 것이므로 등불은 있는 듯 없는 듯 미약해야 좋다.

나. 통변 순서

(1) 성품

(2) 조상

(3) 부모

　　(가) 아버지

　　(나) 어머니

(4) 형제

(5) 배움(학문)

(6) 배우자

　　(가) 아내

　　(나) 남편

(7) 자식

(8) 시부모

(9) 처가

(10) 관운

(11) 직업

(12) 재물

(13) 건강

(14) 부부관계

(15) 행운

    (가) 색깔

    (나) 방향

    (다) 숫자

(16) 궁합

(17) 개운책

+㉜정관　−㉐일주　−㊍편인　+㊍정인　　木　㊋　土　金　水
壬　丁　乙　甲　　5　1　0　0　2
寅　卯　亥　寅
+㊍정인　−㊍편인　+㉜정관　+㊍정인

다. 종강격 통변실례

(1) 성품

木은 용신, 水는 희신, 火는 기신으로 판정되었다.

오행에 대한 판정 내용을 염두에 두고 통변을 해야 한다.

 ## 일주(日主) 丁火

丁火는 음화(陰火)이니 작고 연약하며 아름답다.

등불, 횃불처럼 중간재를 이용해서 광열(光熱)을 발산한다.

주변의 도움을 받으면 크게 성공할 수 있다.

본성이 밝고 따뜻하며 명쾌하고 솔직하다.

영리하고 총명하여 좋은 아이디어가 많다.

유순하며 융화를 중시하지만 따끔한 말을 잘한다.

다정다감하고 예의 바르며 민첩하고 명랑하다.

긍정적이고 희망적이므로 항상 꿈을 잃지 않는다.

표현력과 언변이 좋지만 감정의 기복이 많다.

간혹 갑작스러운 감정의 폭발로 주위를 놀라게 한다.

시종(始終)과 개폐(開閉) 등 오고 가는 것이 빠르다.

뇌관으로서 폭발(爆發)을 유도한다.

+㊎정관 -㊋일주 -㊍편인 +㊍정인　　木 ㊋ 土 金 水
　　　　　　　　　　　　　　　　　5　1　0　0　2
壬 丁 乙 甲
寅 卯 亥 寅
+㊍정인 -㊍편인 +㊎정관 +㊍정인

군목(群木) : 甲, 乙, 寅, 寅, 卯

천간과 지지에 木이 넘쳐 난다.

지지(地支)의 지원이 있으니 木이 강하다.

이 사주는 종강격이므로 木의 성격이 길(吉)하게 나타난다.

木은 인(仁)을 의미하니 착하고 정직하며 순수하다.

강목(强木)이므로 고집이 강하고 의지도 강하다.

역량이 크고 스케일이 있으며 자태가 의젓하다.

미래지향적이며 실리보다는 체면을 중시한다.

우회(迂回)할 줄 알고 상황에 맞춰 임기응변도 잘한다.

역경과 시련을 이겨내는 인내심과 침착성이 있다.

표리부동(表裏不同)하여 착해 보이는 거짓말도 할 줄 안다.

부드러워 보이지만 거친 면이 있고 무던해 보이지만 잔혹성도 있다.

백절불굴(百折不屈)하며 끈질김이 있다.

조직적으로 엮는 성향을 보이고 폭력적이다.

비논리적인 이유를 이용하여 자기 정당화하는 것에 능하다.

큰 가시로 쑤시듯 적(敵)에게는 깊게 상처를 주려고 한다.

생각이 깊어 외골수 기질이 있고 이동성이 불량하다.

언행의 유연성이 떨어지고 진퇴양난의 경우가 많다.

다사다난(多事多難)함이 있어 바람 잘 날이 없다.

잘 버티지만 한번 부러지면 회복이 어렵다.

+㊌정관 -㊋일주 -㊍편인 +㊍정인　　木 ㊋ 土 金 水

壬 丁 乙 甲　　5 1 0 0 2

寅 卯 亥 寅

+㊍정인 -㊍편인 +㊌정관 +㊍정인

군목(群木)으로 인한 정화(丁火)의 성향

등불(丁火)은 나룻배가 가는대로 움직이므로 분위기에 잘 휩쓸린다.

역지사지(易地思之)하고 눈치가 빨라 기회주의자로 보일 수 있다.

스트레스가 있으며 혼잣말로 불만(不滿)을 해소한다.

木은 종이, 책을 의미하므로 일기, 메모 등 항상 꼼꼼하게 기록한다.

필요한 정보는 책에서 찾고, 중요한 자료를 잘 보관한다.

작가의 소질이 있다.

 ## 水의 합(合)

壬水의 정임합목(丁壬合木)과 亥水의 인해합목(寅亥合木), 해묘합목(亥卯合木)은 水의 합(合)으로서, 水와 火를 종강격의 성격(成格)에 필요한 木으로 만들어서 나룻배의 밑바닥으로 잘 활용하고 있다고 볼 수 있다.

그러므로 화합의 기질이 강하고 적(敵)을 동지로 만드는 회유와 협상의 기술이 뛰어난 것으로 해석할 수 있다.

 ## 오행결석

종강격의 성격(成格)에 방해가 되는 土, 金이 없으니 성품이 순수하다.

오행결석으로 인한 다급함도 있다.

성격 종합

시	일	월	년
+㉘정관	-㉗일주	-㉖편인	+㉖정인
壬	丁	乙	甲
寅	卯	亥	寅
+㉖정인	-㉖편인	+㉘정관	+㉖정인
戊丙甲	甲乙	戊甲壬	戊丙甲

木	火	土	金	水
5	1	0	0	2

인성(印星)을 따르는 사주이므로 학문을 좋아한다.

밝고 따뜻하며 솔직하고 유연하다.

멋쟁이로서 영리하고 총명하다.

예술적 기질이 있고, 아이디어가 좋다.

긍정적, 희망적이고, 항상 꿈을 잃지 않는다.

성급하고 폭발적인 면이 있다.

착하고 정직하며 순수하다.

의지가 강하고 스케일이 있다.

의타심도 있고, 고집이 강하다.

자태가 의젓하며 실리보다는 체면을 고려한다.

우회도 할 줄 알고 상황에 맞춰 임기응변도 잘한다.

주관은 강하지만 환경적응력도 좋다.

역경과 시련을 이겨내는 인내심과 침착성이 있다.

표리부동(表裏不同)함이 있어서 착해 보이는 거짓말도 할 줄 안다.

부드러워 보이지만 거친 면이 있고 무던해 보이지만 잔혹성도 있다.

백절불굴(百折不屈)의 끈질김이 있다.

분위기에 휩쓸리는 경향이 있고 눈치가 빠르다.

스트레스에 민감하며 혼잣말로 불만을 해소한다.

일기를 쓴다든지 메모를 하는 등 항상 꼼꼼하게 기록한다.

필요한 정보는 책에서 찾고, 중요한 자료는 잘 보관한다.

조직적으로 엮는 성향을 보인다.

비논리적인 이유를 이용하여 자기 정당화하는 것에 능하다.

큰 가시로 쑤시듯 적(敵)에게는 깊게 상처를 주려고 한다.

화합의 기질이 강하지만 몽둥이를 선호할 정도로 폭력적이다.

생각이 깊고 외골수 기질이 있다.

언행의 유연성이 떨어지고 진퇴양난의 경우가 많다.

잘 버티지만 한번 부러지면 회복이 어렵다.

적을 동지로 만드는 회유의 기술, 협상의 기술이 좋다.

강한 듯 보이지만 곤경에 처하면 꼼짝 못하는 성향을 보인다.

시	일	월	년
+㉡정관	-㉯일주	-㉥편인	+㉥정인
壬	丁	乙	甲
寅	卯	亥	寅
+㉥정인	-㉥편인	+㉡정관	+㉥정인
戊丙甲	甲乙	戊甲壬	戊丙甲

木	火	土	金	水
5	1	0	0	2

(2) 조상

* **할아버지** = 아버지(편재)의 아버지(편재) = 편인

* **할 머 니** = 아버지(편재)의 어머니(정인) = 상관

* **외할아버지** = 어머니(정인)의 아버지(편재) = 상관

* **외할머니** = 어머니(정인)의 어머니(정인) = 편관

종강격 사주로서 편인(偏印)과 편관(偏官)이 길신이니 조상의 덕이 있다.

상관(傷官)이 존재하지 않아서 종강격의 성격(成格)에 도움을 주었으므로 조상의 덕이 있다.

연주(年柱)는 조상(祖上)을 의미하는 바, 甲寅으로서 종강격 사주의 근간이 되었으므로 조상의 유덕(遺德)이 있다.

(3) 부모

(가) 아버지 = 편재

편재(偏財)가 존재하지 않아서 종강격의 성격(成格)에 도움을 주었으므로 아버지의 덕은 은근히 많이 있다.

(나) 어머니 = 정인

종강격 사주로서 정인(正印)이 용신이고 참신이니 어머니의 덕이 크다. 어머니는 木이므로 역량이 크고 어질며 착한 성품을 지녔다.

성격(成格)에 도움을 준
십신은 길한 것으로 해석한다.

시	일	월	년
+⑳정관	-⑥일주	-㊍편인	+㊍정인
壬	丁	乙	甲
寅	卯	亥	寅
+㊍정인	-㊍편인	+⑳정관	+㊍정인
戊丙甲	甲乙	戊甲壬	戊丙甲

木	⑥火	土	金	水
5	1	0	0	2

(4) 형제 = 비견, 겁재

종강격 사주로서 비견(比肩), 겁재(劫財)가 존재하지 않아서 종강격의 성격
(成格)에 도움을 주었으므로 형제의 덕이 있다. 형제의 수(數)는 많지 않을 수
있다.

(5) 배움(학문) = 편인, 정인

종강격 사주로서 편인(偏印), 정인(正印)이 용신이고 참신이니 배움의 덕이
크다. 많이 배울수록 좋다. 이름난 학자(學者)가 될 수 있다.

(6) 배우자

(가) 아내 = 정재

편재(偏財), 정재(正財) 등 재성(財星)이 존재하지 않아서 종강격의 성격(成格)에 도움을 주었으므로 은근히 아내의 덕이 있다. 아내의 간섭이 적어야 길(吉)함이 커진다.

(나) 남편 = 정관

종강격 사주로서 정관(正官)이 길신이면서 또한 합(合)을 통하여 모두 木으로 화(化)하여 성격(成格)에 큰 도움을 주었으므로 남편의 덕이 크다.

남편의 성격은 水로서 냉정하지만 유연하다.

설득력이 있고 화합의 기질이 많다. 남편의 충고를 따르면 길(吉)함이 커진다.

강한 재성(財星)은 인성(印星)을 극하게 되므로 아내와 어머니 간에 불화가 발생한다.

시	일	월	년
+㉠정관	-㉫일주	-㉰편인	+㉰정인
壬	丁	乙	甲
寅	卯	亥	寅
+㉰정인	-㉰편인	+㉠정관	+㉰정인
戊丙甲	甲乙	戊甲壬	戊丙甲

木	㉫	土	金	水
5	1	0	0	2

(7) 자식

(가) 남자의 자식 = 편관(아들), 정관(딸)

종강격 사주로서 정관(正官)이 길신이면서 또한 합(合)을 통하여 모두 木으로 화(化)하여 성격(成格)에 큰 도움을 주었으므로 자식의 덕이 크다.

(나) 여자의 자식 = 식신(딸), 상관(아들)

식신(食神), 상관(傷官) 등이 존재하지 않아서 종강격의 성격(成格)에 도움을 주었으므로 은근히 자식의 덕이 있다. 그러나 자식 얻기가 힘들 수 있다.

가족(家族)을 의미하는 남녀의 십신(十神)이 각각 다른 이유

　명리학(命理學)에서는 모계(母系)혈통을 기본으로 하여 육친(六親)관계를 해석하고 있는 바 모계(母系)사회에서는 여자(女子)가 생산한 가족(家族)만 혈연관계(血緣關係)로 인정받을 수 있으며, 상생(相生)관계로 형성되어 있다.

- 어머니 : 일주(日主)를 생산한 인성(印星)
- 형　제 : 어머니가 생산한 비겁(比劫)
- 자　식 : 일주(日主)가 생산한 식상(食傷)
- 남자의 자식 : 아내(재성)가 생산한 관살(官殺)
- 할머니 : 아버지(재성)를 생산한 식상(食傷)
- 외할머니 : 어머니(인성)를 생산한 관살(官殺)
- 시어머니 : 남편(관살)을 생산한 재성(財星)
- 장　모 : 아내(재성)를 생산한 식상(食傷)

　배우자(配偶者)는 여자(女子)의 비혈연관계(非血緣關係)로서 상극(相剋)관계로 형성되어 있다.

- 남　편 : 일주(日主)를 극하는 관살(官殺)
- 아　내 : 일주(日主)가 극하는 재성(財星)
- 아버지 : 어머니(인성)를 극하는 재성(財星)
- 할아버지 : 할머니(식상)를 극하는 인성(印星)
- 외할아버지 : 외할머니(관살)를 극하는 식상(食傷)
- 시아버지 : 시어머니(재성)를 극하는 비겁(比劫)
- 장　인 : 장모(식상)를 극하는 인성(印星)

시	일	월	년
+㊌정관	-㊋일주	-㊍편인	+㊍정인
壬	丁	乙	甲
寅	卯	亥	寅
+㊍정인	-㊍편인	+㊌정관	+㊍정인
戊丙甲	甲乙	戊甲壬	戊丙甲

木	㊋	土	金	水
5	1	0	0	2

(8) 시부모

* **시아버지** = 남편(정관)의 아버지(편재) = 겁재

비견(比肩), 겁재(劫財) 등이 존재하지 않아서 종강격의 성격(成格)에 도움을 주었으므로 은근히 시아버지의 덕이 있지만, 비겁(比劫)은 본 사주에 있어서 뇌관(雷管)과도 같은 불안한 존재이므로 시아버지로 인한 곡절이 많다.

* **시어머니** = 남편(정관)의 어머니(정인) = 편재

편재(偏財), 정재(正財) 등 재성(財星)이 존재하지 않아서 종강격의 성격(成格)에 도움을 주었으므로 은근히 시어머니의 덕이 있다.

(9) 처가

* **장인** = 아내(정재)의 아버지(편재) = 정인

종강격 사주로서 편인(偏印), 정인(正印)이 용신이고 참신이니 장인의 덕이 크다.

* **장모** = 아내(정재)의 어머니(정인) = 식신

종강격 사주로서 식신(食神)과 상관(傷官)이 존재하지 않아서 종강격의 성격(成格)에 도움을 주었으므로 장모의 덕이 있다.

현대사회에서는 처가(妻家)의 비중이 더욱 커지고 있다.

시	일	월	년
+㊌정관	-㊋일주	-㊍편인	+㊍정인
壬	丁	乙	甲
寅	卯	亥	寅
+㊍정인	-㊍편인	+㊌정관	+㊍정인
戊丙甲	甲乙	戊甲壬	戊丙甲

木	㊋	土	金	水
5	1	0	0	2

(10) 직장, 명예, 관운 = 편관(특수직), 정관(일반직)

종강격 사주로서 亥水 정관(正官)이 길신이면서 寅亥, 亥卯 합(合)을 통하여 모두 木으로 화(化)하여 성격(成格)에 큰 도움을 주었으므로 직장, 명예, 관직의 덕이 크다.

(11) 직업

배움을 의미하는 木 인성(印星)의 역량이 막강하다.

대학교수, 교사, 외국어 강사, 신문기자 등이 적합하다.

작가, 도서관, 서점, 목재상, 이불, 의류, 선박 등의 분야는 木의 기질이다.

(12) 재물 = 편재, 정재

편재(偏財), 정재(正財) 등 재성(財星)이 존재하지 않아서 종강격의 성격(成格)에 도움을 주었으므로 은근히 재물의 덕이 있다. 남보기에는 재물이 없는 듯 보이지만 실속있는 알부자일 가능성이 많다.

성격(成格)에 도움을
주었을지라도
사주에 없다면
길한 작용력은
미미할 수밖에 없다.

시	일	월	년
+⑳정관	-⑳일주	-⑳편인	+⑳정인
壬	丁	乙	甲
寅	卯	亥	寅
+⑳정인	-⑳편인	+⑳정관	+⑳정인
戊丙甲	甲乙	戊甲壬	戊丙甲

木	火	土	金	水
5	1	0	0	2

(13) 건강

木의 역량이 강하지만, 오행이 결석되어 있어 상행의 흐름이 원활하지 못하므로 간혹 건강이 불량해질 우려가 있다. 관절염, 간염, 심장, 혈압 등이 불안하며 여자의 경우에는 자궁 관련 질환의 우려가 있다.

(14) 부부관계

남녀 모두 교합(交合)의 쾌감을 느끼는 정도가 약하다.

(15) 행운(幸運)

(가) **색깔** : 청색, 검정색

(나) **방향** : 동쪽, 북쪽

(다) **숫자** : 1, 3, 6, 8

모두 종강격에 좋은 작용을 하는
水·木이 의미하는 것들이다.

시	일	월	년
+㉪정관	-㉬일주	-㈦편인	+㈦정인
壬	丁	乙	甲
寅	卯	亥	寅
+㈦정인	-㈦편인	+㉪정관	+㈦정인
戊丙甲	甲乙	戊甲壬	戊丙甲

木	火	土	金	水
5	1	0	0	2

(16) 궁합

일주(日主)가 火이거나 火 기운이 강한 파트너는 불리하다.
木 기운을 설기(泄氣)할 우려가 많기 때문이다.

木의 기운을 더욱 강건하게 보충해 줄 강한 木 일주의 파트너가 좋다.

木을 상생지원해 주는 水의 파트너는 차선책이다.

土, 金의 파트너는 구색을 갖춰 주지만 혼인으로 인한 새로운 분란을 유발할
가능성이 많다.

(17) 개운책

운명을 고치는 것을 개운(改運)이라고 한다.

이 사주는 木의 강한 기운을 따르는 종강격(從强格) 사주이므로 木의 역량을 키우는 것이 개운책이 된다. 木이 인성(印星)이므로 학문에 정진하면 발전이 크게 된다.

(18) 간명(看命) 주의사항

본 사주는 전체적으로 편인(偏印)과 정인(正印)으로 구성되어 있기 때문에 인성(印星)의 기운을 따르게 된 종강격 사주이다.

木의 역량을 약화시키는 火 비겁(比劫)운, 土 식상(食傷)운, 金 재성(財星)운은 흉운(凶運)이고 木을 강화해주는 木 인성(印星)운, 水 관살(官殺)운이 길운(吉運)임을 유념하고 간명을 해야 한다.

Ⅱ. 종강격 운(運) 보기

1. 종강격 운(運)의 희기(喜忌)

　　종강격(從强格)의 일주(日主)는 신왕(身旺)하지만, 운(運)의 희기(喜忌)는 신왕격(身旺格)의 경우를 따르지 않고, 사주 판세를 장악하고 있는 인성(印星)의 기운을 생조(生助)해 주는지, 극설(剋洩)해 주는지에 따라 특별하게 운(運)의 길흉(吉凶)을 판단한다.

운(運)의 종류	격(格)에 따른 희기(喜忌)의 비교		
	신약격	신왕격	종강격
비 겁 운	길	흉	흉
식 상 운	흉	길	흉
재 성 운	흉	길	흉
관 살 운	흉	길	길
인 성 운	길	흉	길

종강격에서는 억부격 개념을
모두 버려야 한다.

2. 종강격(從强格)의 길운과 흉운

* 火, 비겁(比劫)운 - 흉

비견(比肩)운이나 겁재(劫財)운을 만나면 일주(日主)가 기력을 보충하게 되어 인성(印星)을 따르지 않고 고집을 부려 새로운 분란을 야기하게 되므로 사주 판세가 요동치게 된다.

그 결과, 형제·친구 등의 배신이나 동업, 합자(合資) 등으로 인한 손해가 발생할 우려가 많아진다. 자존심 문제로 인하여 퇴직이나 이혼 등을 결행하여 불리해질 수 있다.

* 土, 식상(食傷)운 - 흉

식신(食神)과 상관(傷官)운은 木의 목극토(木剋土) 설기(泄氣)작용을 유발하여 木 인성(印星)의 기운을 약화시키므로 종강격(從强格)의 사주 판세가 불안정하게 된다.

그 결과, 관재구설, 교통사고 등의 불상사가 발생할 수 있으며, 명예와 직장에 관계된 일들이 악화될 수 있다.

자식이나 직장, 남편의 문제로 인한 고뇌가 있게 된다.

* 金, 재성(財星)운 - 흉

편재(偏財)운이나 정재(正財)운에는, 木에 대한 금극목(金剋木) 상극(相剋)작용이 발생하여 木 인성(印星)의 기운이 파괴당하므로 종강격(從强格)의 사주 판세가 많이 흔들리게 된다.

그 결과, 수술, 교통사고 등으로 건강을 잃거나 소송 등의 불상사가 발생할 수 있으며, 손재(損財)당할 우려가 많다. 가족의 문제로 인한 고뇌가 있게 된다.

* 水, 관살(官殺)운 - 길

편관(偏官)운이나 정관(正官)운에는, 수생목(水生木) 상생(相生)작용으로 인하여 木 인성(印星)의 기운이 강해지므로 종강격 사주 판세가 안정된다.

그 결과, 명예와 직장관계가 호전되고 발전할 수 있다. 남자의 경우에는 자식의 경사(慶事)가 있고, 여자의 경우에는 남편의 경사(慶事)가 있게 된다.

* 木, 인성(印星)운 - 길

편인(偏印)운이나 정인(正印)운에는, 木의 역량이 막강해지므로 사주 판세가 매우 안정된다.

그 결과, 새로운 사업을 시작하여 성공하거나 승진, 영전 등을 하며 학위취득이나 부모에 대한 경사(慶事)가 있게 된다.

+㊌정관 −㊋일주 −㊍편인 +㊍정인　木 ㊋ 土 金 水

壬 丁 乙 甲　　5 1 0 0 2

寅 卯 亥 寅

+㊍정인 −㊍편인 +㊌정관 +㊍정인

3. 운(運)에 따른 종강격의 변화

가. 종강격 기본도(基本圖) 복습

일주(日主)가 丁火이니 그림의 주제는 "등불"이다.

그러나 그 등불은 나무로 만든 나룻배에서 보일 듯 말듯 존재한다.
야간의 뱃길을 밝히기 위함인지, 아니면 나룻배의 난방을 위함인지 그 목적
은 알 수 없으나 그 빛은 희미하다.

丁火 일주는 강한 木을 이용하여 튼튼한 나룻배를 만들어서 돈벌이에 나서기
로 했다. 목(木)이 강하니 나룻배가 튼튼하고, 壬水, 亥水가 있어 강물의 수량
(水量)도 충분하니 나룻배를 운항하여 돈벌이를 하는데 큰 불편은 없을 듯 싶다.

乙木, 卯木으로 돛을 만들어 세웠고, 壬水의 정임합목(丁壬合木)과 亥水의 인해
합목(寅亥合木), 해묘합목(亥卯合木)을 이용하여 나룻배의 밑바닥을 만들었다.

불빛이 약한 것은 문제가 되지 않는다. 등불이 너무 커져서 나룻배에 불이
붙기라도 한다면 그게 더 큰 문제가 될 것이므로, 행여라도 丁火의 등불이 번져
나룻배를 태우는 불상사가 발생하지 않도록 불조심을 하면서 나룻배 운항에 나
서 보자.

+㊌정관 -㊋일주 -㊍편인 +㊍정인   木 ㊋ 土 金 水
壬 丁 乙 甲   5 1 0 0 2
寅 卯 亥 寅
+㊍정인 -㊍편인 +㊌정관 +㊍정인

범범백주 부요풍연
(汎汎栢舟 富饒豊衍)
배를 만들어 물에 띄우니
부유하고 넉넉하다

木운

나. 木운

* 木 강화

木의 역량이 커져서 종강격 사주 판세가 안정된다.

나룻배를 증축하여 순풍을 받아서 항해하는 격이다.
새로운 사업이나 배움, 취업, 직장 등에서 경사가 있게 된다.
건강은 호전되며 가족의 단합이나 가정의 기쁨이 있게 된다.

* 火 강화

火가 강해지지만 크게 불리하지 않다.
직장, 명예, 관직의 경사가 있다. 건강이 회복된다.

* 土 · 金 · 水 약화

재물(財物)로 인한 기쁨이 있게 된다.
금전적인 성취(成就)가 크고 기대 이상의 소득이 있게 된다.
가족(家族)에 대한 관계가 호전된다.
남자의 경우에는 아내의 내조(內助) 덕분으로 출세하게 된다.
여자는 시댁으로부터 효과적인 지원을 받게 된다.

+㊌정관 -㊋일주 -㊍편인 +㊍정인　　木 ㊋ 土 金 水

壬 丁 乙 甲　　5 1 0 0 2

寅 卯 亥 寅

+㊍정인 -㊍편인 +㊌정관 +㊍정인

음양불교 우화상존
(陰陽不交 憂禍常存)
음양이 어울리지 못하니
재앙이 남아있다

火운

다. 火운

* 火 강화 - 木 약화

나룻배에 대형 화재가 발생하는 격이라서 크게 불리하다.

괜한 고집이나 자존심 등으로 시비다툼을 벌이게 된다.
그 결과 소송, 구금 등 법적인 문제가 연발할 수 있다.
친구, 동료, 가족의 배신이나 가족의 흉사(凶事)가 우려된다.
심장질환, 시력약화, 치아손상 등 건강이 악화될 수 있다.

* 水 약화

火의 증가로 인하여 水가 증발되어 불리하다.
배움이나 학업에 지장이 초래된다.
부모로 인한 고민이 발생한다.
소송, 계약 등에서 불리한 결과를 얻을 수 있다.
명예나 건강에 대한 일들이 불리하다.

* 土 강화 - 金 약화

괜한 시비다툼, 관재구설 등 법적인 문제가 연발할 수 있다.
자식으로 인한 고민이 발생하고 건강이 악화될 수 있다.

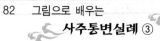
+㊌정관 -㊋일주 -㊍편인 +㊍정인   木 ㊋ 土 金 水
壬 丁 乙 甲   5 1 0 0 2
寅 卯 亥 寅
+㊍정인 -㊍편인 +㊌정관 +㊍정인

조리산정 우수아심
(釣鯉山頂 憂愁我心)
산정에서 잉어를 낚으려니
마음에 근심이 많다

土운

라. 土운

* 土 강화 - 木 약화

나룻배가 모래톱에 처박히거나 암초에 걸린 상황이 되었다.

도모하는 일에 예기치 못한 지장이 발생하게 된다.
괜한 고집이나 자존심 등으로 시비다툼을 벌이게 된다.
관재구설, 소송 등 불리한 법적인 문제가 연발할 수 있다.
배움이나 학업에 지장이 초래되고 부모로 인한 고민이 발생한다.
계약, 입찰 등에서 불리한 결과를 얻을 수 있다.

* 火 약화 - 水 약화

기세가 꺾이고, 마찰이 심하게 발생한다.
여자의 경우에는 자궁에 질병이 발생할 수 있다.
심장질환, 시력약화, 치아손상 등 건강이 악화될 수 있다.

* 金 강화

손재(損財)의 가능성이 많아진다.
이성(異性)으로 인한 다툼이 발생한다.

+ⓦ정관 -ⓕ일주 -ⓣ편인 +ⓣ정인   木 ⓕ 土 金 水
壬 丁 乙 甲   5 1 0 0 2
寅 卯 亥 寅
+ⓣ정인 -ⓣ편인 +ⓦ정관 +ⓣ정인

이목맹롱 무근이부
(耳目盲聾 無根以浮)
귀가 먹고 눈은 멀어
뿌리없이 표류한다

金운

마. 金운

* 金 강화 - 木 약화

해적(海賊)들의 무자비한 도끼질이 난무하는 형국이다.
나룻배가 깨어지고 돛대가 부러진다.

관재구설, 소송 등 법적인 문제가 연발할 수 있다.
재물(財物)에 대한 큰 손해가 발생한다.
배움이나 학업에 지장이 초래되고 부모로 인한 고민이 있게 된다.
친구, 동료, 가족의 배신이나 자식으로 인한 스트레스가 발생한다.
심장질환, 시력약화, 치아손상 등 건강이 악화될 수 있다.

* 火 약화 - 水 강화

깨진 뱃전으로 물이 넘쳐 들어오니 침몰될까 두렵다.
명예나 건강에 대한 일들이 불리하다.
관절염, 간염, 심장, 혈압 등이 불안하다.
여자의 경우에는 자궁에 질병이 발생할 수 있다.

* 土 약화

시비다툼, 관재구설의 우려가 많다.

+㉬정관 −㉯일주 −㉭편인 +㉭정인　　木 ㉯ 土 金 水
　　　　　　　　　　　　　　　　　　5 1 0 0 2

壬 丁 乙 甲
寅 卯 亥 寅

+㉭정인 −㉭편인 +㉬정관 +㉭정인

수재주선 쾌락무이
(水載舟船 快樂無已)
배가 물 위를 달리니
즐거울 따름이다

水운

바. 水운

* 水 강화 - 木 강화

매말랐던 강물이 불어나니 나룻배의 운항이 용이해진다.

숙원(宿願)을 성취하는 기쁨을 누리게 된다.
배움, 취업, 직장 등에서 경사가 있게 된다.
가족의 단합이나 가정의 기쁨이 있게 된다.

* 火 약화

건강이 회복된다.
직장, 명예, 관직의 경사가 있다.

* 土 약화 - 金 약화

재물(財物)로 인한 기쁨이 있게 된다.
금전적인 성취(成就)가 크다.
기대 이상의 소득이 있게 된다.
아버지와의 관계가 호전된다.
남자의 경우에는 아내의 내조(內助) 덕분으로 출세하게 된다.
여자는 시댁으로부터 효과적인 지원을 받게 된다.

+⑳정관　-⑳일주　-⑳편인　+⑳정인　　木 ⑳ 土 金 水

壬 丁 乙 甲　　5 1 0 0 2

寅 卯 亥 寅

+⑳정인　-⑳편인　+⑳정관　+⑳정인

시래풍송 낙안차녕
(時來風送 樂安且寧)

배가 순풍을 만나니
즐겁고 평안하다

甲운

사. 간지(干支)에 따른 종강격 운세 통변

(1) 甲운

* 木 강화

나룻배를 증축하여 짐을 가득 싣고 순풍을 받아서 항해하는 격이다.

숙원(宿願)을 성취한다.
새로운 사업이나 배움, 취업, 직장 등에서 경사가 있다.
가족의 단합이나 가정의 기쁨이 있게 된다.

* 火 강화

火가 강해지지만 불리하지 않다.
직장, 명예, 관직의 경사가 있다. 건강이 회복된다.

* 土 · 金 · 水 약화

재물(財物)로 인한 기쁨이 있게 된다.
금전적인 성취(成就)가 크고 기대 이상의 소득이 있게 된다. 아버지와의 관계가 호전된다. 남자의 경우에는 아내의 내조(內助) 덕분으로 출세하게 되고, 여자의 경우에는 시댁으로부터 효과적인 지원을 받게 된다.

+㉂정관 -㊋일주 -㊍편인 +㊍정인   木 ㊋ 土 金 水
壬 丁 乙 甲   5 1 0 0 2
寅 卯 亥 寅
+㊍정인 -㊍편인 +㉂정관 +㊍정인

한천감우 여락병거
(旱天甘雨 與樂竝居)
가뭄에 단비가 내리니
즐거움이 함께 한다

乙운

(2) 乙운

* 木 강화

나룻배를 증축하여 짐을 가득 싣고 순풍을 받아서 항해하는 격이다.

오래된 소원(所願)을 성취한다.

새로운 사업이나 배움, 취업, 직장 등에서 경사가 있게 된다.

가족의 단합이나 가정의 기쁨이 있게 된다.

* 火 강화

火의 강화는 크게 두렵지 않다.

직장, 명예, 관직의 경사가 있다.

건강이 점점 회복된다.

* 土 · 金 · 水 약화

재물(財物)로 인한 기쁨이 있게 된다.

금전적인 성취(成就)가 크고 기대 이상의 소득이 있게 된다.

가족 관계가 호전된다.

남자는 아내의 내조(內助) 덕분으로 출세한다.

여자는 시댁으로부터 효과적인 지원을 받게 된다.

+㊌정관 -㊋일주 -㊍편인 +㊍정인   木 ㊋ 土 金 水
壬 丁 乙 甲   5 1 0 0 2
寅 卯 亥 寅
+㊍정인 -㊍편인 +㊌정관 +㊍정인

역풍종화 연작연소
(逆風縱火 燕雀燃巢)

역풍에 불을 놓으니
살던 집이 타버린다

丙운

(3) 丙운

* 火 강화 - 木 약화

나룻배에 화재가 발생하는 격이라서 크게 불리하다.

괜한 고집이나 자존심 등으로 시비다툼을 벌이게 된다.
법적인 문제가 연발할 수 있다.
친구, 동료, 가족의 배신이나 가족의 흉사(凶事)가 우려된다.
심장질환, 시력약화, 치아손상 등 건강이 악화될 수 있다.

* 水 약화

水의 역량이 약화되어 불리하다.
배움이나 학업에 지장이 초래된다.
부모로 인한 고민이 발생한다.
소송, 계약 등에서 불리한 결과를 얻을 수 있다.
명예나 건강에 대한 일들이 불리하다.

* 土 강화 - 金 약화

관재구설 등 법적인 문제가 연발할 수 있다.
자식으로 인한 고민이 발생한다.

+㊌정관 -㊋일주 -㊍편인 +㊍정인　　木 ㊋ 土 金 水

壬　丁　乙　甲　　　5　1　0　0　2

寅　卯　亥　寅

+㊍정인 -㊍편인 +㊌정관 +㊍정인

진화섭하 무사복귀
(鎮火涉河 無事復歸)

불을 끄고 강을 건너서
안전하게 돌아온다

(4) 丁운

* 火 강화 - 木 약화

나룻배에 화재가 발생하는 격이라서 크게 불리하다.

* 전화위복(轉禍爲福) - 丁壬合木

丁火는 시간(時干) 壬水와 丁壬합(合)을 한다.

火운의 불리함이 정임합목(丁壬合木)으로 인하여 해소된다.

합(合)은 결국 木의 기운을 증가시키므로 신중하게 처신하면 불리했던 상황을 역전시켜 작은 성취를 이룰 수 있다.

배움, 취업, 직장 등의 일은 무난하며 건강은 약간 호전된다.

* 火 강화 억제

火의 강화가 억제되므로 크게 두렵지 않다.

직장, 명예, 관직의 일도 무난하다.

* 土 · 金 · 水 약화

재물(財物) 운용도 무난하다.

+㊍정관 -㊋일주 -㊍편인 +㊍정인   木 ㊋ 土 金 水
壬 丁 乙 甲   5 1 0 0 2
寅 卯 亥 寅
+㊍정인 -㊍편인 +㊌정관 +㊍정인

해로수건 미유무성
(海老水乾 未有無成)
바다가 늙어 물이 마르니
이루어지는 것이 없다

戊 운

(5) 戊운

* 土 강화 - 木 약화

나룻배가 암초에 걸린 상황이 된다.

예기치 못한 대형사건이 발생할 수 있다.

매우 흉(凶)한 운세이다.

괜한 고집이나 자존심 등으로 큰 시비다툼을 벌이게 된다.

관재구설 등 법적인 문제가 연발할 수 있다.

배움이나 학업에 지장이 초래되고 부모로 인한 고민이 발생한다.

소송, 계약 등에서 불리한 결과를 얻을 수 있다.

* 火 약화 - 水 약화

기세가 꺾이고, 충돌이 발생한다.

교통사고, 부상, 수술 등이 우려된다.

여자의 경우에는 자궁에 질병이 발생할 수 있다.

심장질환, 시력약화, 치아손상 등 건강이 악화될 수 있다.

* 金 강화

손재(損財)의 가능성이 많아진다.

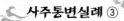

+㊌정관 -㊋일주 -㊍편인 +㊍정인   木 ㊋ 土 金 水
壬 丁 乙 甲   5 1 0 0 2
寅 卯 亥 寅
+㊍정인 -㊍편인 +㊌정관 +㊍정인

독유사석 명멸광식
(獨有沙石 明滅光息)
홀로 모래와 돌 위에 있으니
밝음과 빛이 모두 사라진다

(6) 己운

* 土 강화 - 木 약화

나룻배가 모래톱에 처박힌 상황이 되니 예기치 못한 지장이 발생하게 된다.

* 설상가상(雪上加霜) - 甲己合土

土의 역량이 증가되어 불리한데, 己土가 연간(年干) 甲木과 합(合)을 하여 희신 甲木을 土로 변질시키니 더더욱 불리하다. 괜한 고집이나 자존심 등으로 시비다툼을 벌이게 되고, 관재구설 등 불리한 법적 문제가 확대 재생산될 수 있다. 배움이나 학업에 지장이 초래되고 부모나 가족으로 인한 고민이 연발한다. 소송, 계약 등에서 불리한 결과를 얻을 수 있다.

* 火 약화 - 水 약화

기세가 꺾이고, 관절염, 간염, 심장, 혈압 등이 불안하며 여자의 경우에는 자궁에 불리한 질병이 발생할 수 있다. 심장질환, 시력약화, 치아손상 등 건강이 악화될 수 있다.

* 金 강화

손재(損財)의 가능성이 많아진다.

+㉠정관 -㊋일주 -㊍편인 +㊍정인　木 ㊋ 土 金 水
壬 丁 乙 甲　　　　　　　5 1 0 0 2
寅 卯 亥 寅
+㊍정인 -㊍편인 +㉠정관 +㊍정인

상취위앙 불가강지
(相聚爲殃 不可强支)
서로 모여 재앙을 만드니
억지로 버틸 수 없다

(7) 庚운

* 金 강화 - 木 약화

해적(海賊)들의 도끼질에 나룻배가 침몰 당하기 직전이다.

* 설상가상(雪上加霜) - 乙庚合金

金의 역량이 증가되어 불리한데, 庚金이 월간(月干) 乙木과 합(合)을 하여 희신(喜神) 乙木을 金으로 변질시키니 더더욱 불리하다. 계약(契約), 사기(詐欺) 등으로 인한 큰 손해나 관재구설 등 법적인 문제가 연발할 수 있다.

배움이나 학업에 지장이 초래되고 부모로 인한 고민이 있게 된다. 친구, 동료, 가족의 배신이나 자식으로 인한 고민이 발생한다. 심장질환, 시력약화, 치아손상 등 건강이 악화될 수 있다.

* 火 약화 - 水 강화

예기치 않은 일로 인하여 명예나 건강에 대한 일들이 불리하다. 관절염, 간염, 심장, 혈압 등이 불안하며 여자의 경우에는 자궁에 불리한 질병이 발생할 수 있다.

* 土 약화

교통사고, 부상, 시비다툼, 관재구설의 우려가 많다.

+㊌정관 -㊋일주 -㊍편인 +㊍정인　　木 ㊋ 土 金 水

壬 丁 乙 甲　　5 1 0 0 2

寅 卯 亥 寅

+㊍정인 -㊍편인 +㊌정관 +㊍정인

뇌행상축 난이지식
(雷行相逐 難以止息)

우레같이 서로 쫓으니
머물러 쉬기 어렵다

辛운

(8) 辛운

* 金 강화 - 木 약화

해적(海賊)들의 도끼질에 나룻배가 파손된다.

재물(財物)에 대한 손해나 관재구설 등 법적인 문제가 발생할 수 있다.
배움이나 학업에 지장이 초래되고 부모로 인한 고민이 발생한다.
친구, 동료, 가족의 배신이나 자식으로 인한 스트레스가 많아진다.
심장질환, 시력약화, 치아손상 등 건강이 악화될 수 있다.

* 火 약화 - 水 강화

명예나 건강에 대한 일들이 불리하다.
관절염, 간염, 심장, 혈압 등이 불안하다.
여자의 경우에는 자궁에 질병이 발생할 수 있다.

* 土 약화

투자를 하면 소탐대실(小貪大失)한다.
부부 불화가 심해진다.
시비다툼, 관재구설의 우려가 많다.

+ⓌＳ정관 -ⒻＳ일주 -ⓀＳ편인 +ⓀＳ정인　　木 Ⓕ 土 金 水
壬 丁 乙 甲　　5 1 0 0 2
寅 卯 亥 寅
+ⓀＳ정인 -ⓀＳ편인 +ⓌＳ정관 +ⓀＳ정인

동주창해 만상자윤
(同注滄海 萬象滋潤)
함께 창해까지 이어지니
만물이 윤택하다

(9) 壬운

* 水 강화 - 木 강화

고갈되었던 강물이 불어나니 나룻배의 운항이 용이해진다.

* 금상첨화(錦上添花) - 丁壬合木

희신 水의 역량이 증가되어 기쁜데, 壬水가 일주(日主) 丁火와 합(合)을 하여 木으로 변화하니 성취의 기쁨이 배가(倍加)된다.
오래된 소원을 이루게 된다.
배움, 취업, 직장 등에서 경사가 있다.
가족의 단합이나 가정의 기쁨이 있게 된다.

* 火 약화

직장, 명예, 관직의 경사가 있다. 건강이 회복된다.

* 土 약화 - 金 약화

재물(財物)로 인한 기쁨이 있게 된다. 금전적인 성취(成就)가 크고 기대 이상의 소득이 있게 된다. 가족 관계가 호전된다. 남자의 경우에는 아내의 내조(內助) 덕분으로 출세하게 되고, 여자의 경우에는 시댁으로부터 효과적인 지원을 받게 된다.

+㊌정관 -㊋일주 -㊍편인 +㊍정인   木 ㊋ 土 金 水
壬 丁 乙 甲   5 1 0 0 2
寅 卯 亥 寅
+㊍정인 -㊍편인 +㊌정관 +㊍정인

고주득수 가관증직
(孤舟得水 加官增職)
외로운 배가 강물을 얻으니
벼슬과 관직이 더해진다

癸운

(10) 癸운

* 水 강화 - 木 강화

강물이 불어나니 나룻배의 운항이 용이해진다.

희신 水의 역량이 증가되니 성취의 기쁨이 있게 된다.
오래된 소원을 이루게 된다.
배움, 취업, 직장 등에서 경사가 있게 된다.
가족의 단합이나 가정의 기쁨이 있다.

* 호사다마(好事多魔)

호사다마(好事多魔)이니 안전운행이 필요하다.

* 火 약화

직장, 명예, 관직의 경사가 있다. 건강이 회복된다.

* 土 약화 - 金 약화

재물(財物)로 인한 기쁨이 있게 된다. 금전적인 성취(成就)가 크고 기대 이상의 소득이 있게 된다. 가족 관계가 호전된다. 남자의 경우에는 아내의 내조(內助) 덕분으로 출세하게 되고, 여자의 경우에는 시댁으로부터 효과적인 지원을 받게 된다.

+⑧정관 -⑥일주 -⑩편인 +⑩정인   木 ⑥ 土 金 水

壬 丁 乙 甲   5 1 0 0 2

寅 卯 亥 寅

+⑩정인 -⑩편인 +⑧정관 +⑩정인

선득순풍 도처자유
(船得順風 到處自有)

배가 순풍을 만나니
가는 곳마다 성취가 있다

(11) 子운

* 水 강화 - 木 강화

강물이 불어나니 木 나룻배의 운항이 용이해진다.

* 금상첨화(錦上添花) - 亥子(丑) 반합

희신 水의 역량이 증가되어 기쁜데, 子水가 월지(月支) 亥와 亥子(丑) 반합을
하여 水의 역량을 증가시키니 성취의 기쁨이 배가(倍加)된다. 오래된 소원을
이루게 되며, 배움, 취업, 직장 등에서 경사가 있게 된다. 가족의 단합이나 가정
의 기쁨이 있게 된다.

* 火 약화

직장, 명예, 관직의 경사가 있다. 건강이 회복된다.

* 土 약화 - 金 약화

재물(財物)로 인한 기쁨이 있게 된다. 금전적인 성취(成就)가 크고 기대 이상
의 소득이 있게 된다. 아버지와의 관계가 호전된다. 남자의 경우에는 아내의
내조(內助) 덕분으로 출세하게 되고, 여자의 경우에는 시댁으로부터 효과적인
지원을 받게 된다.

+㊌정관 -㊋일주 -㊍편인 +㊍정인   木 ㊋ 土 金 水
壬 丁 乙 甲   5 1 0 0 2
寅 卯 亥 寅
+㊍정인 -㊍편인 +㊌정관 +㊍정인

재중수천 갈력불순
(載重水淺 竭力不順)
짐은 무겁고 물은 얕아서
있는 힘을 다해도 어렵다

丑운

(12) 丑운

* 土 강화 - 木 약화

土가 강화되어 나룻배가 암초에 걸린 상황이 되니 불리하다.

예기치 못한 지장이 발생하게 된다.
괜한 고집이나 자존심 등으로 시비다툼을 벌이게 된다.
관재구설 등 법적인 문제가 연발할 수 있다.
배움이나 학업에 지장이 초래되고 부모로 인한 고민이 발생한다.
소송, 계약 등에서 불리한 결과를 얻을 수 있다.

* 火 약화 - 水 약화

기세가 꺾이고, 관절염, 간염, 심장, 혈압 등이 불안하다.
여자의 경우에는 자궁에 불리한 질병이 발생할 수 있다.
심장질환, 시력약화, 치아손상 등 건강이 악화될 수 있다.

* 金 강화

손재(損財)의 가능성이 많아진다.
마찰과 충돌이 연발한다.
부부 불화가 심해진다.

+㊌정관 -㊋일주 -㉭편인 +㉭정인　木 ㊋ 土 金 水

壬 丁 乙 甲　　5 1 0 0 2

寅 卯 亥 寅

+㉭정인 -㉭편인 +㊌정관 +㉭정인

기호득식 환복희심
(飢虎得食 歡腹喜心)

호랑이가 먹이를 얻으니
배를 채우며 기뻐한다

(13) 寅운

* 木 강화

나룻배를 증축하여 짐을 가득 싣고 순풍에 항해하는 격이다.

* 금상첨화(錦上添花) - 寅亥合木, 寅卯(辰)방합

참신(讖神), 용신(用神) 木의 역량 강화가 반가운데, 寅이 월지(月支) 亥와 인해합목(寅亥合木)을 하고, 또한 寅은 일지(日支) 卯와 寅卯(辰)방합을 하여 木을 연속하여 강화해 주니 성취의 기쁨이 더더욱 커진다.

예상을 뛰어넘는 성취가 있게 된다. 새로운 사업이나 배움, 취업, 직장 등에서 경사가 있게 된다. 오래된 소원을 이룬다. 가족의 단합이나 가정의 기쁨이 있게 된다.

* 火 강화

火의 강화는 두렵지 않다. 직장, 명예, 관직의 경사가 있다. 건강이 회복된다.

* 土 · 金 · 水 약화

재물(財物)로 인한 기쁨이 있게 된다. 금전적인 성취(成就)가 크고 기대 이상의 소득이 있게 된다. 가족 관계가 호전된다. 남자의 경우에는 아내의 내조(內助) 덕분으로 출세하게 되고, 여자의 경우에는 시댁으로부터 효과적인 지원을 받게 된다.

+㊌정관 -㊋일주 -㊍편인 +㊍정인   木 ㊌ 土 金 水
壬 丁 乙 甲   5 1 0 0 2
寅 卯 亥 寅
+㊍정인 -㊍편인 +㊌정관 +㊍정인

곤룡득수 승기만리
(困龍得水 乘機萬里)
목마른 용이 물을 만나니
기회를 얻어 만리를 난다

(14) 卯운

* 木 강화

나룻배를 증축하여 순풍에 항해하는 격이니 경사가 있다.

* 금상첨화(錦上添花) - 寅卯(辰)방합, 亥卯(未)삼합

참신(讖神), 용신(用神) 木의 역량 강화가 반가운데, 卯가 연지(日支)·시지(時支) 寅과 쌍쌍으로 寅卯(辰)방합을 하여 木을 강화해 주고, 또한 卯는 월지(月支) 亥와 亥卯(未)삼합을 하여 줄줄이 木을 생산해 주니 성취의 기쁨이 연발한다.

기대 이상의 성취가 있게 된다. 새로운 사업이나 배움, 취업, 직장 등에서 경사가 있게 되며, 건강은 호전된다. 오래된 소원을 이룬다. 가족의 단합이나 가정의 기쁨이 있게 된다.

* 火 강화

火의 강화는 크게 두렵지 않다. 직장, 명예, 관직의 경사가 있다.

* 土 · 金 · 水 약화

재물(財物)로 인한 기쁨이 있게 된다. 금전적인 성취(成就)가 크고 기대 이상의 소득이 있게 된다. 아버지와의 관계가 호전된다. 남자의 경우에는 아내의 내조(內助) 덕분으로 출세하게 되고, 여자의 경우에는 시댁으로부터 효과적인 지원을 받게 된다.

+㊌정관 -㊋일주 -㊍편인 +㊍정인   木 ㊋ 土 金 水
壬 丁 乙 甲   5 1 0 0 2
寅 卯 亥 寅
+㊍정인 -㊍편인 +㊌정관 +㊍정인

오작인로 고진감래
(烏鵲引路 苦盡甘來)
까막까치가 길을 인도하니
괴로움이 가고 기쁨이 온다

(15) 辰운

* 土 강화 - 木 약화

土가 강화되어 나룻배가 암초에 걸린 상황이 되니 불리하다.

* 전화위복(轉禍爲福) - 寅卯辰방합

辰은 연·시지 寅과 일지 卯를 붙잡아서 寅卯辰으로 방합을 한다.

土운의 불리함이 寅卯辰방합으로 인하여 해소된다.

辰은 방합을 하여 결국 木의 기운을 생산하므로 신중하게 처신하면 상황을 역전시켜서 작은 성취를 이룰 수 있다.

배움, 취업, 직장 등의 일은 무난하며 건강은 약간 호전된다.

* 火 불변

火는 강화되지 않는다.

직장, 명예, 관직의 일도 무난하다.

* 金·水 약화

신중히 살피면 재물(財物)도 무난하게 운용할 수 있다.

부부 불화는 주의해야 한다.

+㊌정관 -㊋일주 -㊍편인 +㊍정인 　　木 ㊋ 土 金 水
壬 丁 乙 甲 　　　　　5 1 0 0 2
寅 卯 亥 寅
+㊍정인 -㊍편인 +㊌정관 +㊍정인

숙조분소 안신불료
(宿鳥焚巢 安身不料)
잠자는 둥지가 불에 타니
안전을 헤아릴 수 없다

(16) 巳운

* 火 강화 - 木 약화

나룻배에 화재가 발생하는 격이라서 크게 불리하다.

괜한 고집이나 자존심 등으로 법적인 문제가 연발할 수 있다.
친구, 동료, 가족의 배신이나 가족의 흉사(凶事)가 우려된다.
심장질환, 시력약화, 치아손상 등 건강이 악화될 수 있다.

* 水 약화

火의 증가로 인하여 水의 역량이 약화되어 불리하다.

* 설상가상(雪上加霜) - 巳亥충

巳는 희신(喜神)인 월지(月支) 亥와 巳亥충을 하니 더욱 불리해진다. 가정의
불화가 발생하고 배움이나 학업에 지장이 초래된다. 부모로 인한 고민이 발생
한다. 소송, 계약 등에서 불리한 결과를 얻을 수 있다. 명예나 건강에 대한 일
들이 불리하다.

* 土 강화 - 金 약화

괜한 시비다툼을 벌이게 되고, 관재구설 등 법적인 문제가 연발할 수 있다.
자식으로 인한 고민이 발생한다. 건강이 악화될 수 있다.

+㉛정관 -㉔일주 -㉕편인 +㉖정인　　木 ㉔ 土 金 水
壬 丁 乙 甲
5 1 0 0 2

寅 卯 亥 寅

+㉖정인 -㉕편인 +㉛정관 +㉖정인

작화건신 귀연무소
(灼火乾薪 歸燕無巢)

마른 섶에 불을 지피니
돌아갈 둥지가 없다

午운

(17) 午운

* 火 강화 - 木 약화

나룻배에 화재가 발생하는 격이라서 크게 불리하다.

* 설상가상(雪上加霜) - 寅午(戌)삼합

火가 강해져서 불리한데, 午는 희신(喜神)인 연지(年支)·시지(時支) 寅을 꼬드겨서 쌍쌍으로 火를 생산하니 더더욱 불리해진다. 사주의 기둥 4개 중 2개가 변질을 하니 그 흉(凶)함이 예사롭지 않다. 괜한 고집이나 자존심 등으로 시비다툼을 벌이게 되고, 법적인 문제가 연발할 수 있다. 친구, 동료, 가족의 배신이나 가족의 흉사(凶事)가 우려된다. 심장질환, 시력약화, 치아손상 등 건강이 악화될 수 있다. 소송, 계약 등에서 불리한 결과를 얻을 수 있다. 명예나 건강에 대한 일들이 불리하다.

* 水 약화

가정의 불화가 발생하고 배움이나 학업에 지장이 초래된다. 부모로 인한 고민이 발생한다.

* 土 강화 - 金 약화

괜한 시비다툼을 벌이게 되고, 관재구설 등 법적인 문제가 연발할 수 있다. 자식으로 인한 고민이 발생한다. 건강이 악화될 수 있다.

+㊌정관 −㊋일주 −㊍편인 +㊍정인　　木 ㊋ 土 金 水
壬 丁 乙 甲　　　　5 1 0 0 2
寅 卯 亥 寅
+㊍정인 −㊍편인 +㊌정관 +㊍정인

행뢰주자 제탈무타
(幸賴舟子 濟脫無他)
뱃사공의 도움을 얻으니
건너는데 별탈이 없다

(18) 未운

* 土 강화 - 木 약화

土의 역량이 강해져서 나룻배가 암초에 걸린 상황이 되니 불리하다.

* 전화위복(轉禍爲福) - 亥卯未삼합

土운의 불리함이 해묘미(亥卯未)삼합으로 인하여 해소된다.

未는 월지(月支), 일지(日支)와 해묘미(亥卯未)삼합을 만들어 냄으로써 결국 木의 기운을 생산하므로 신중하게 처신하면 상황을 개선하여 작은 성취를 이룰 수 있게 된다.

배움, 취업, 직장 등의 일은 무난하며 건강은 약간 호전된다.

* 火 불변

火는 강화되지 않는다.
직장, 명예, 관직의 일도 무난하다.

* 金 · 水 약화

신중히 살피면 재물(財物)도 무난하게 운용할 수 있다.
부부 불화는 주의해야 한다.

+㊌정관 -㊋일주 -㊍편인 +㊍정인　木 ㊋ 土 金 水
壬 丁 乙 甲　　5 1 0 0 2
寅 卯 亥 寅
+㊍정인 -㊍편인 +㊌정관 +㊍정인

군적할거 위구불안
(群賊割據 危懼不安)
도적때가 마구 설치니
위태롭고 불안하다

(19) 申운

* 金 강화 - 木 약화

해적(海賊)들의 도끼질에 나룻배가 침몰 당하기 직전이다.

* 설상가상(雪上加霜) - 寅申충

金의 역량이 증가되어 불리한데, 申이 희신(喜神) 연지(年支), 시지(時支) 寅을 겹겹으로 충(沖)하니 그 흉(凶)이 예사롭지 않다. 사주의 기둥 4개 중 2개가 충격을 받으니 사주가 크게 요동치게 된다.

생사를 건 시비다툼이나 소송을 벌이게 된다. 가족의 흉사(凶事)가 우려되며 심장질환, 시력약화, 수족의 손상 등 건강이 악화될 수 있다.

* 火 약화 - 水 강화

예기치 않은 일로 인하여 명예나 건강에 대한 일들이 불리하다. 관절염, 간염, 심장, 혈압 등이 불안하며 여자의 경우에는 자궁에 불리한 질병이 발생할 수 있다.

* 土 약화

시비다툼, 관재구설의 우려가 많다.

+㉬정관 -㉭일주 -㉮편인 +㉮정인   木 ㉭ 土 金 水
壬 丁 乙 甲   5 1 0 0 2
寅 卯 亥 寅
+㉮정인 -㉮편인 +㉬정관 +㉮정인

택중호투 황구척식
(宅中虎鬪 惶懼惕息)
집안에서 호랑이가 싸우니
두려워서 숨만 헐덕인다

(20) 酉운

* 金 강화 - 木 약화

해적(海賊)들의 도끼질에 나룻배가 침몰하기 직전이다.

* 설상가상(雪上加霜) - 卯酉충

金의 역량이 증가되어 불리한데, 酉가 희신(喜神)인 일지(日支) 卯를 충(沖)
하니 더욱 불리해진다.

아내로 인한 심각한 문제나 가정 불화가 발생할 수 있다.

건강이 매우 악화될 수 있다. 가족의 흉사(凶事)가 우려된다.

* 火 약화 - 水 강화

예기치 않은 일로 인하여 명예나 건강에 대한 일들이 불리하다.

수족의 손상, 관절염, 간염, 심장, 혈압 등이 불안하다.

여자의 경우에는 자궁에 불리한 질병이 발생할 수 있다.

* 土 약화

시비다툼, 관재구설의 우려가 많다.

하는 일에 심각한 지장이 많이 발생한다.

+㊌정관 -㊋일주 -㊍편인 +㊍정인   木 ㊋ 土 金 水
壬 丁 乙 甲   5 1 0 0 2
寅 卯 亥 寅
+㊍정인 -㊍편인 +㊌정관 +㊍정인

격이암산 애비상심
(隔以巖山 哀悲傷心)

바위산에 막혔으니
비통함에 마음 상한다

(21) 戌운

* 土 강화 - 木 약화

土가 강화되어 나룻배가 암초에 걸린 상황이 되니 불리하다.

* 설상가상(雪上加霜) - 卯戌合火

土의 역량이 강해져서 불리한데, 戌이 희신(喜神) 일지(日支) 卯와 합(合)을
하여 火로 변질되니 더욱 불리해진다.
예상치 못하게 심각한 문제나 가정 불화가 발생할 수 있다.
방심하다가 손해를 볼 수 있다.
가족의 흉사(凶事)가 우려된다.

* 火 강화 - 水 약화

자존심이 상하고, 관절염, 간염, 심장, 혈압 등이 불안하며 여자의 경우에는
자궁에 불리한 질병이 발생할 수 있다.

* 金 불변

손재(損財)의 가능성이 많아진다.
심장질환, 시력약화, 치아손상 등 건강이 악화될 수 있다.

+㊌정관 -㊋일주 -㊍편인 +㊍정인   木 ㊋ 土 金 水
壬 丁 乙 甲   5 1 0 0 2
寅 卯 亥 寅
+㊍정인 -㊍편인 +㊌정관 +㊍정인

삼하구합 명진재복
(三河俱合 名進財福)
세 곳의 물이 모여드니
부귀가 따른다

(22) 亥운

* 水 강화 - 木 강화

강물이 불어나니 나룻배의 운항이 용이해진다.

* 금상첨화(錦上添花) - 寅亥合木, 亥卯(未)반합

회신 水의 역량이 증가되어 기쁜데, 亥水가 연지(年支), 시지(時支) 寅과 쌍쌍으로 합(合)을 하여 木을 생산하고, 亥는 일지(日支) 卯와 亥卯(未)반합을 하여 木의 역량을 더욱 증가시키니 성취의 기쁨이 더욱 배가(倍加)된다.

오래된 소원을 이루게 되고, 배움, 취업, 직장 등에서 경사가 있게 되며, 건강은 호전된다. 가족의 단합이나 가정의 기쁨이 있게 된다.

* 火 약화

직장, 명예, 관직의 경사가 있다.

* 土 약화 - 金 약화

재물(財物)로 인한 기쁨이 있게 된다. 금전적인 성취(成就)가 크고 기대 이상의 소득이 있게 된다. 가족 관계가 호전된다. 남자의 경우에는 아내의 내조(內助) 덕분으로 출세하게 되고, 여자의 경우에는 시댁으로부터 효과적인 지원을 받게 된다.

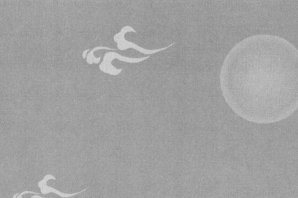

제3장
종재격 통변실례

I. 종재격 명(命) 보기

1. 종재격 사주 뽑기

　명(命)보기는 8개의 오행(五行)을 소재로 활용하여 기본적인 풍경화를 그리는 작업이다.

　사주를 뽑는 과정에서 발생할 수 있는 오류를 줄이기 위해서는 명(命)보기를 시작하기 전에 ① 연간(年干)을 기준으로 해서 월주(月柱)가 제대로 뽑혔는지 ② 일주(日主)를 기준으로 해서 시주(時柱)가 제대로 뽑혔는지 확인하는 습관을 가지는 것이 좋다.

　명(命)보기를 시작해보자.
　사주는 庚申년 庚辰월 丁酉일 辛丑시이다.
　지장간(支藏干)은 정기(正氣)에 해당한다.

월건법(月建法)과 시두법(時頭法)의 뿌리가 같음을 이미 확인한 바 있다.

시	일	월	년
-金 편재	-火 일주	+金 정재	+金 정재
辛	丁	庚	庚
丑	酉	辰	申
-土 식신	-金 편재	+土 상관	+金 정재
癸辛己	庚辛	乙癸戊	戊壬庚

木	火	土	金	水
0	1	2	5	0

丁火 일주(日主)가 상관(傷官)의 계절인 辰월에 태어났다.

丁일생의 辰월은 왕·상·휴·수·사 가운데 휴(休)에 해당하여 실령(失令)을 하였기 때문에 일주(日主)가 쇠약해질 우려가 있다.

일주(日主)를 포함한 火 비견·겁재는 딱 1개로서 일주가 매우 허약한데, 火를 생조(生助)해 주는 오행은 전혀 없다. 대신 火를 설기(泄氣)하는 오행은 7개로서 막강하다.

일주 丁火를 생조(生助)해 줄 오행은 전혀 없는 반면에 丁火 일주를 설기(泄氣)하는 오행은 7개로서 막강하므로 전체적인 비율로 볼 때 1 : 7이 되므로 매우 신약(身弱) 사주가 되었다고 말할 수 있다.

일단 신약한 사주로 판단하고 오행의 희기(喜忌)를 판별하는 작업에 착수할 수 있겠지만, 일주(日主) 丁火가 지나치게 허약하고 재성(財星)의 세력결집 상황이 심상치 않으므로 종격(從格) 사주가 될 수 있는지 좀 더 세심히 살펴볼 필요가 있다.

金 재성(財星) 5개가 사주 판세를 장악하였고, 재성(財星)이 아닌 간지(干支)는 일주(日主) 丁과 월지(月支) 辰과 시지(時支) 丑이다.

월지(月支) 辰은 일지(日支) 酉와 辰酉합을 하여 金으로 변질되고, 시지(時支) 丑은 일지(日支) 酉와 (巳)酉丑반합을 하여 金으로 변질되고 있다.

이러한 합(合)작용에 따라 식상(食傷) 辰과 丑이 모두 金으로 변질됨에 따라 일주(日主) 丁火를 제외한 7개의 오행들이 모두 金의 기운으로 통일이 되었음을 확인할 수 있다.

金 집단의 칼바람만
거칠게 휘몰아치는 형국이다.

시	일	월	년
-金 편재	-火 일주	+金 정재	+金 정재
辛	丁	庚	庚
丑	酉	辰	申
-土 식신	-金 편재	+土 상관	+金 정재
癸辛己	庚辛	乙癸戊	戊壬庚

木	火	土	金	水
0	1	2	5	0

  그 결과 사주(四柱)는 제어할 수 없을 정도로 金 재성(財星) 한 가지로 지나치게 편중되어 있으므로 이 경우에는 진정으로 종재격(從財格)이 될 수 있는지 그 진가(眞假)를 살펴봐야 한다.

종재격(從財格)의 조건

① 일주(日主)가 음간(陰干)일 것

② 재성(印星) 이외의 오행이 없을 것

  (식상 1~2개는 무난)

  본 사주는 일주(日主)가 丁火로서 음간(陰干)이고, 식상(食傷) 2개가 모두 합(合)을 통하여 재성(財星)으로 변질됨으로써 金으로 통일되었기 때문에 종재격(從財格) 사주임이 분명하다.

본 사주는 억부격 이론으로 보면 일주(日主)를 설기(泄氣)하는 오행이 많아서, 일주(日主)를 생조(生助)하는 오행 중에서 용신(用神)을 찾아야 하는 신약격(身弱格) 사주이지만, 사주가 전체적으로 편재(偏財)와 정재(正財)로 구성되어 막강한 재성(財星)의 기운을 따르게 된 종재격(從財格) 사주로 판별하였기 때문에 억부격(抑扶格)과는 이론을 달리하여 용신(用神)을 찾아야 한다.

• **길운(吉運)** : 재성(財星)운, 식상(食傷)운

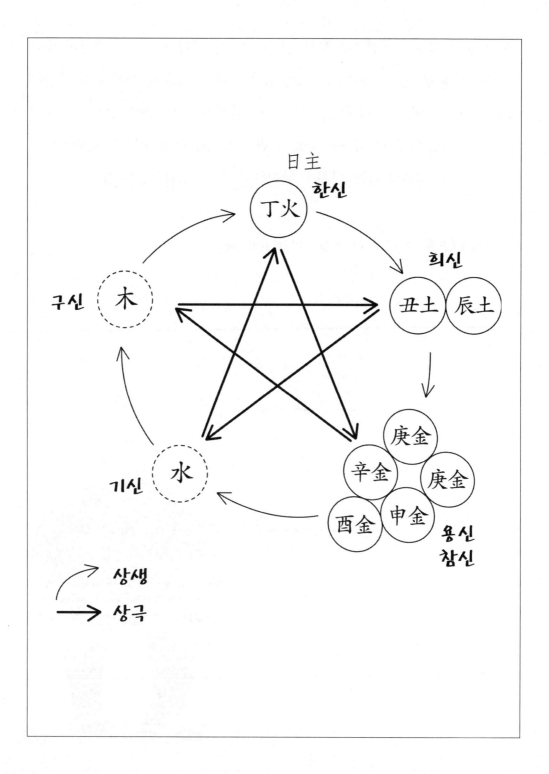

* **희신(喜神) : 土**

용신(用神), 참신(參神) 金을 생조하는 土가 희신이다.

* **용신(用神), 참신(讖神) : 金**

종재격 사주이므로 강한 金 기운은 최대 길신(吉神)이다.

* **기신(忌神) : 水**

金 기운을 소비하는 水가 최대 흉신이다.

* **구신(仇神) : 木**

金 기운을 약화시키는 木이 구신이다.

* **한신(閑神) : 丁火**

金 기운을 약화시키면서 土 기운을 지원하는 丁火가 한신이다.

☞ 기신(忌神)과 구신(仇神)이 없어서 진정한 종재격 사주가 되었다.

2. 오행의 역량 분석

시	일	월	년
-金 편재	-火 일주	+金 정재	+金 정재
辛	丁	庚	庚
丑	酉	辰	申
-土 식신	-金 편재	+土 상관	+金 정재
癸辛己	庚辛	乙癸戊	戊壬庚

木	火	土	金	水
0	1	2	5	0

 丁火

먼저 일주 丁火의 역량을 알아보자.

① 음화(陰火)이니 그 역량이 작다.

② 일주 이외에는 비견, 겁재가 없으므로 그 세력이 작다.

③ 막강한 土·金 집단이 설기하기 때문에 그 역량이 감소된다.

④ 일주의 역량을 생조하는 木이 없으므로 역량 증가는 없다.

일주 丁火의 역량이 작고 비견(比肩), 겁재(劫財)가 없어 그 세력이 작은 것은 종재격 사주로서 바람직한 상황이라고 볼 수 있다.

金

이번에는 사주를 장악한 金 집단의 역량을 알아보자.

① 金 재성(財星)은 모두 5개로서 막강하다.

② 辰土, 丑土 식상(食傷)의 지원을 받아서 더욱 강해진다.

③ 辰土는 일지(日支) 酉와 辰酉합을 하고, 丑土는 일지(日支) 酉와 (巳)酉
丑반합을 하여 모두 金으로 화(化)함으로써 金의 기운이 막강해진다.

④ 金을 설기(泄氣)하는 水가 없으니 역량 감소가 전혀 없다.

⑤ 金을 약화시키는 木이 없고, 丁火가 허약하니 역량 감소가 미미하다.

역량 검사를 해 보니 진정으로 金 집단의 세력이 막강함을 알 수 있다.

金 재성(財星)은
절대 강자가 되었다.

시	일	월	년
−⑭편재	−⑭일주	+⑭정재	+⑭정재
辛	丁	庚	庚
丑	酉	辰	申
−⑪식신	−⑭편재	+⑪상관	+⑭정재
癸辛己	庚辛	乙癸戊	戊壬庚

木	火	土	金	水
0	1	2	5	0

 土

이번에는 희신(喜神)으로 분류된 土 식상(食傷)의 역량을 알아보자.

① 辰土가 월지(月支)를 장악하였기에 土의 역량이 강하다.

② 丑土가 시지(時支)에 있으니 土의 역량이 강해진다.

③ 辰土는 일지(日支) 酉와 辰酉합을 하여 金으로 화(化)함으로써 金을
  지원해준다.

④ 丑土는 일지(日支) 酉와 (巳)酉丑반합을 하여 金으로 화(化)함으로써
  金을 지원해준다.

⑤ 水·木이 없으니 土의 역량 감소에 영향이 없다.

역량 검사를 해 보니 土 집단은 모두 金 집단에 동화되었기에 金의 세력이
막강함을 알 수 있다.

水 · 木

사주에 水 · 木이 없으니 金의 역량에 미치는 영향이 없다.

역량 검사를 해 보니, 金의 세력을 증가시키는 세력은 막강한 반면에 金의 세력을 감소시키는 세력은 미미하므로 허약한 일주 丁火는 진정으로 자신을 버리고 강한 金의 세력을 따르게 됨을 알 수 있다.

강한 세력을
따르는 것은
순리(順理)이니
믿을 것은
오직 돈 뿐이다.

-㊎편재 -㊋일주 +㊎정재 +㊎정재   木 ㊋ 土 金 水
　　　　　　　　　　　　　　　　　0 1 2 5 0
辛 丁 庚 庚
丑 酉 辰 申
-㊏식신 -㊎편재 +㊏상관 +㊎정재

3. 종재격의 통변

가. 종재격 기본도

일주(日主)가 丁火이니 그림의 주제는 "등불"이다.

그러나 그 등불은 쇳덩이로 만든 탱크 위에서 보일 듯 말듯 존재한다.
야간의 도로를 밝히기 위함인지, 아니면 탱크의 난방을 위함인지 그 목적은 알 수 없다.

辰土의 진유합금(辰酉合金)과 丑土의 유축반합(酉丑半合)은 모두 土와 金의 합이므로 모래주머니로 만든 탱크의 방탄벽이라고 볼 수 있다.

평소에 강한 金 때문에 애로가 많았던 丁火 일주는 金을 이용하여 튼튼한 전차(戰車), 탱크를 만들어서 거액(巨額)을 받고 전쟁에 참여했다.

등불의 불빛이 약한 것은 결코 문제가 되지 않았다. 등불이 너무 커져서 탱크에 불이 붙기라도 한다면 그게 더 큰 문제가 될 것이므로 등불은 있는 듯 없는 듯 미약할수록 좋았다.

-⊖金편재 -⊖火일주 +⊕金정재 +⊕金정재   木 ⊖火 土 金 水

辛 丁 庚 庚   0 1 2 5 0

丑 酉 辰 申

-⊖土식신 -⊖金편재 +⊕土상관 +⊕金정재

나. 종재격 통변실례

(1) 성품

金은 용신, 土는 희신, 火는 한신으로 판정되었다.

판정 내용을 염두에 두고 통변을 해야 한다.

일주 丁火의 성격에 대해서는 종강격 보기에서 살펴본 바 있다.

 일주(日主) 丁火

밝고 따뜻하며 명쾌하고 솔직하다.

영리하고 총명하여 좋은 아이디어가 많다.

유순하며 융화를 중시하지만 따끔한 말을 잘한다.

다정다감하고 예의 바르며 민첩하고 명랑하다.

긍정적이고 희망적이므로 항상 꿈을 잃지 않는다.

표현력과 언변이 좋지만 감정의 기복이 많다.

간혹 갑작스러운 감정의 폭발로 주위를 놀라게 한다.

시종(始終)과 개폐(開閉) 등 오고 가는 것이 빠르다.

언행이 불일치하는 경우가 있다.

화재를 만들 수 있는 불씨로서 시비(是非)를 좋아한다.

시	일	월	년
-⦰金 편재	-⦰火 일주	+⦰金 정재	+⦰金 정재
辛	丁	庚	庚
丑	酉	辰	申
-⦰土 식신	-⦰金 편재	+⦰土 상관	+⦰金 정재
癸辛己	庚辛	乙癸戊	戊壬庚

木	火	土	金	水
0	1	2	5	0

 ## 金 집단 : 庚, 庚, 辛, 申, 酉

종재격으로서 金의 강한 성격이 길(吉)하게 나타난다.

金은 의(義)로우니 핍박이 두렵지 않는 강골의 기상이 있다.

굽히기를 싫어하고 명예를 중요시한다.

냉정하고 날카로우니 한마디로 칼 같은 성질이다.

무시할 수 없는 위엄이 있고 결단력이 있다.

자태가 의젓하며 불의(不義)를 보면 참지 못한다.

기질이 강직하니 곧고 솔직하며 단순하다.

임기응변에 서툴고 환경적응력도 떨어진다.

역경과 시련을 이겨내는 인내심과 참착성이 있다.

강인하고 잔혹성이 있지만 약한 자에게는 동정을 베푼다.

잘 버티지만 꺾일 때는 쉽게 꺾인다.

간혹 상대방의 단점에 철퇴(鐵槌)를 가하듯 지적한다.

강금(强金)으로 인한 정화(丁火)의 성향

등불(丁火)은 탱크가 가는대로 따라가므로, 분위기에 잘 휩쓸린다.

역지사지(易地思之)하고 눈치가 빨라 기회주의자로 보일 수 있다.

스트레스가 있으며 혼잣말로 불만(不滿)을 해소한다.

예리하지만 자기주장을 잘 표현하지 않는다.

큰 칼로 자르듯이 적(敵)에게는 단호하다.

칼부림을 마다하지 않을 정도로 살벌하다.

외골수 기질이 있고 언행의 유연성이 떨어진다.

 ## 土의 합(合)

辰土의 진유합금(辰酉合金)과 丑土의 유축반합(酉丑半合)은 모두 土와 金의 합이므로 모래주머니로 만든 탱크의 방탄벽이라고 볼 수 있다. 그러므로 화합의 기질이 강하고 적(敵)을 동지로 만드는 회유의 기술, 협상의 기술이 좋은 것으로 볼 수 있다.

 ## 오행결석

종재격의 성격(成格)에 방해가 되는 木, 水가 없으니 성품이 순수하다.

간혹 오행결석으로 인해서 다급한 성격을 나타내기도 한다.

🌸 성격 종합

시	일	월	년
-金 편재	-火 일주	+金 정재	+金 정재
辛	丁	庚	庚
丑	酉	辰	申
-土 식신	-金 편재	+土 상관	+金 정재
癸辛己	庚辛	乙癸戊	戊壬庚

木	火	土	金	水
0	1	2	5	0

재성(財星)을 따르는 사주이므로 재물(財物)을 밝힌다.

불의(不義)를 보면 참지 못한다.

밝고 따뜻하며 솔직하고 유연하다.

멋쟁이로서 영리하고 총명하다.

예술적 기질이 있고, 아이디어가 좋다.

긍정적, 희망적이고, 항상 꿈을 잃지 않는다.

성급하고 폭발적인 면이 있다.

의지가 강하고 스케일이 있다.

의타심도 있고, 고집이 강하다.

자태가 의젓하지만 실리를 위주로 한다.

우회도 할 줄 알고 상황에 맞춰 임기응변도 잘한다.

역경과 시련을 이겨내는 인내심과 침착성이 있다.

표리부동(表裏不同)함이 있어서 거짓말도 한다.

부드러워 보이지만 거친 면이 있고 잔혹성도 있다.

백절불굴(百折不屈)의 끈질김이 있고 환경적응력도 좋다.

분위기에 휩쓸리는 경향이 있고 눈치가 빠르다.

스트레스에 민감하며 혼잣말로 불만을 해소한다.

큰 칼로 자르듯 적(敵)에게는 깊게 상처를 주려고 한다.

화합의 기질이 강하지만 칼을 선호할 정도로 살벌하다.

언행의 유연성이 떨어지고 진퇴양난의 경우가 많다.

적을 동지로 만드는 회유의 기술, 협상의 기술이 좋다.

강한 듯 보이지만 곤경에 처하면 꼼짝 못하는 성향을 보인다.

의(義)를 의미하니 핍박을 두려워하지 않는 강골의 기상이 있다.

굽히기를 싫어하고 명예를 중요시하지만 꺾일 때는 쉽게 꺾인다.

냉정하고 날카로우니 칼 같은 성질이다.

역량이 크고 강인하지만 약한 자에게 동정을 베푼다.

차갑게 돌변하는 기질이 있다.

상대방의 단점에 철퇴(鐵槌)를 가하기도 한다.

시	일	월	년
-金 편재	-火 일주	+金 정재	+金 정재
辛	丁	庚	庚
丑	酉	辰	申
-土 식신	-金 편재	+土 상관	+金 정재
癸辛己	庚辛	乙癸戊	戊壬庚

木	火	土	金	水
0	1	2	5	0

(2) 조상

* **할아버지** = 아버지(편재)의 아버지(편재) = 편인

* **할 머 니** = 아버지(편재)의 어머니(정인) = 상관

* **외할아버지** = 어머니(정인)의 아버지(편재) = 상관

* **외할머니** = 어머니(정인)의 어머니(정인) = 편관

종재격 사주로서 편인(偏印)이 흉신(凶神)이지만 사주에 인성(印星)이 없어서 원활하게 성격(成格)이 되었으므로 도리어 할아버지의 덕이 있다.

상관(傷官)은 희신(喜神)이므로 할머니와 외할아버지의 덕이 있다.

편관(偏官)은 흉신(凶神)이지만 사주에 편관(偏官)이 없어서 원활하게 성격(成格)이 되었으므로 도리어 외할머니의 덕이 있다.

연주(年柱)는 조상(祖上)을 의미하는 바, 庚申으로서 종재격 사주의 근간이 되었으므로 조상의 유덕(遺德)이 있다.

(3) 부모

(가) 아버지 = 편재

종재격 사주로서 편재(偏財)가 참신(讖神), 용신(用神)이므로 아버지의 덕이 크다.

(나) 어머니 = 정인

종재격 사주로서 정인(正印)은 흉신(凶神)이지만 사주에 木이 없어서 성격(成格)에 도움을 주었으므로 어머니는 조용한 성품을 지녔으며, 그 덕이 은근히 많다.

흉신(凶神)은 부채(負債)처럼 없을수록 길하다.

시	일	월	년
-⊛편재	-⊛일주	+⊛정재	+⊛정재
辛	丁	庚	庚
丑	酉	辰	申
-⊕식신	-⊛편재	+⊕상관	+⊛정재
癸辛己	庚辛	乙癸戊	戊壬庚

木	火	土	金	水
0	1	2	5	0

(4) 형제 = 비견, 겁재

종재격 사주로서 비견(比肩), 겁재(劫財)가 존재하지 않아서 종재격의 성격 (成格)에 도움을 주었으므로 도리어 형제의 덕이 있다. 형제의 수(數)는 많지 않을 수 있다.

(5) 배움(학문) = 편인, 정인

종재격 사주로서 편인(偏印), 정인(正印)이 흉신이지만 사주에 木이 없어서 성격(成格)에 도움을 주었으므로 배움의 덕이 은근히 많다. 가방끈이 짧을 가 능성이 많지만 한 가지를 배워서 열 가지로 활용한다.

비견(比肩)은 길하고 겁재(劫財)는 흉한가?

비견(比肩)과 겁재(劫財)는 모두 형제(兄弟)를 의미한다.

- **비견(比肩)** : 사이좋게 어깨를 나란히 한다.
    일주(日主)와 오행이 같고 음양(陰陽)도 같다.

- **겁재(劫財)** : 위협해 재물을 겁탈한다.
    일주(日主)와 오행이 같고 음양(陰陽)이 다르다.

겁재(劫財)라는 이름으로만 보면 그 역할이 비견(比肩)과는 천양지차(天壤之差)인 듯 싶지만 사실은 그렇지 않다. 겁재(劫財)라는 살벌한 명칭은 정재(正財)를 극(剋)한다고 해서 부정적인 의미로 붙여졌을 뿐이다.

본시 형제(兄弟)란 어려울 때는 서로 돕고 부유할 때는 재산 다툼을 하도록 되어있는 혈연관계이다. 신약(身弱)하면 겁재(劫財)도 길(吉)한 작용을 하게 되고 신왕(身旺)하면 비견(比肩)도 흉(凶)한 작용을 하게 되는 이치와 같다.

그러므로 사주에 겁재(劫財)가 있는 사람은 누구나 구밀복검(口蜜腹劍) 하는 것인 양 무조건 부정적으로 해석한다거나, 가난한 집 형제는 비견(比肩)이 많고 돈 많은 부잣집의 형제는 겁재(劫財)가 많다고 생각하는 것은 바람직하지 않다.

시	일	월	년
-㊎ 편재	-㊋ 일주	+㊎ 정재	+㊎ 정재
辛	丁	庚	庚
丑	酉	辰	申
-㊏ 식신	-㊎ 편재	+㊏ 상관	+㊎ 정재
癸辛己	庚辛	乙癸戊	戊壬庚

木	㊋	土	金	水
0	1	2	5	0

(6) 배우자

(가) 아내 = 정재

종재격 사주로서 편재(偏財), 정재(正財) 등 재성(財星)이 참신, 용신이므로 아내의 덕이 매우 크다. 아내에게 순종할수록 길(吉)함이 커진다.

(나) 남편 = 정관

종재격 사주로서 정관(正官)이 흉신이지만 사주에 水가 없어서 성격(成格)에 도움을 주었으므로 은근히 남편의 덕이 크다.

남편은 水로서 냉정하지만 조용하고 유연하다.
남편의 간섭이 적어야 길(吉)함이 커진다.

(7) 자식

(가) 남자의 자식 = 편관(아들), 정관(딸)

종재격 사주로서 관성(官星)이 흉신이지만 사주에 水가 없어서 성격(成格)에 도움을 주었으므로 은근히 자식의 덕이 크다. 그러나 자식 얻기가 힘이 들 수는 있다.

(나) 여자의 자식 = 식신(딸), 상관(아들)

종재격 사주로서 식상(食傷)이 희신(喜神)이고, 합(合)을 통해서 모두 金으로 화(化)하여 성격(成格)에 크게 도움을 주었으므로 자식의 덕이 매우 크다.

재물이 모이도록 협조해주는 놈이 효자(孝子)이다.

시	일	월	년
-⦿金 편재	-⦿火 일주	+⦿金 정재	+⦿金 정재
辛	丁	庚	庚
丑	酉	辰	申
-⦿土 식신	-⦿金 편재	+⦿土 상관	+⦿金 정재
癸辛己	庚辛	乙癸戊	戊壬庚

木	火	土	金	水
0	1	2	5	0

(8) 시부모

* **시아버지** = 남편(정관)의 아버지(편재) = 겁재

비견(比肩), 겁재(劫財) 등이 존재하지 않아서 종재격의 성격(成格)에 도움을 주었으므로 은근히 시아버지의 덕이 있다.

* **시어머니** = 남편(정관)의 어머니(정인) = 편재

종재격 사주로서 편재(偏財), 정재(正財) 등 재성(財星)이 참신, 용신이므로 시어머니의 덕이 크다.

(9) 처가

* **장인** = 아내(정재)의 아버지(편재) = 정인

　종재격 사주로서 정인(正印)이 흉신이지만 사주에 木이 없어서 성격(成格)에 도움을 주었으므로 은근히 장인의 덕이 크다.

* **장모** = 아내(정재)의 어머니(정인) = 식신

　종재격 사주로서 식신(食神)이 희신(喜神)이므로 장모의 덕이 있다.

없어서 길할지라도,
없으면 필연적으로
부족함의 애로가 따른다.

시	일	월	년
−金 편재	−火 일주	+金 정재	+金 정재
辛	丁	庚	庚
丑	酉	辰	申
−土 식신	−金 편재	+土 상관	+金 정재
癸辛己	庚辛	乙癸戊	戊壬庚

木	火	土	金	水
0	1	2	5	0

(10) 직장, 명예, 관운 = 편관(특수직), 정관(일반직)

종재격 사주로서 관성(官星)이 흉신이지만 사주에 水가 없어서 성격(成格)에 도움을 주었으므로 은근히 직장, 명예, 관직의 덕이 크다.

(11) 직업

재물(財物)을 의미하는 金의 역량이 막강하니 은행가, 증권, 부동산, 무역업 등 재물(財物)과 관련된 직종에 적합하다.

또한, 金의 기질로서 종합병원, 의료, 금속, 자동차, 선박, 반도체, 귀금속, 액세서리 등도 적합하다.

(12) 재물 = 편재, 정재

종재격 사주로서 편재(偏財), 정재(正財) 등 재성(財星)이 참신, 용신이므로 재물의 덕이 매우 크다. 소문난 부자일 가능성이 많다.

시	일	월	년
−金 편재	−火 일주	+金 정재	+金 정재
辛	丁	庚	庚
丑	酉	辰	申
−土 식신	−金 편재	+土 상관	+金 정재
癸辛己	庚辛	乙癸戊	戊壬庚

木	火	土	金	水
0	1	2	5	0

(13) 건강

　金의 역량이 강하지만, 오행이 결석되어 있어 상행의 흐름이 원활하지 못하므로 간혹 건강이 불량해질 우려가 있다. 대장질환, 폐질환, 관절염, 간염, 심장, 혈압 등이 불안하며 방광과 관련된 질환의 우려가 있다.

(14) 부부관계

　남녀 모두 교합(交合)을 지나치게 탐하지는 않지만 쾌감을 느끼는 정도는 강하다.

(15) 행운(幸運)

(가) 색깔 : 흰색, 노랑색

(나) 방향 : 서쪽, 중앙

(다) 숫자 : 4, 5, 9, 0

金을 강화시키는
土·金의 기운이
행운을 가져다 준다.

시	일	월	년
-金 편재	-火 일주	+金 정재	+金 정재
辛	丁	庚	庚
丑	酉	辰	申
-土 식신	-金 편재	+土 상관	+金 정재
癸辛己	庚辛	乙癸戊	戊壬庚

木	火	土	金	水
0	①1	2	5	0

(16) 궁합

파트너의 일주(日主)가 水이거나 水 기운이 강하면 불리하다.
金 기운을 설기(泄氣)할 우려가 많기 때문이다.

金의 기운을 더욱 강건하게 보충해 줄 강한 金 일주의 파트너가 좋다.

상생 지원해 주는 土의 파트너는 차선책이다.

水·木의 파트너는 구색을 갖춰 주지만 혼인으로 인한 새로운 분란을 유발할
가능성이 많다.

(17) 개운책

이 사주는 金의 강한 기운을 따르는 종재격(從財格) 사주이므로 金의 역량을
키우는 것이 개운책이 된다. 金이 재성(財星)이므로 재력(財力) 축적에 정진하
면 발전이 크게 된다.

(18) 간명(看命) 주의사항

본 사주는 전체적으로 편재(偏財)와 정재(正財)로 구성되어 있기 때문에 재
성(財星)의 기운을 따르게 된 사주이다.

金의 역량을 약화시키는 水 관살(官殺)운, 木 인성(印星)운, 火 비겁(比劫)운
은 흉운(凶運)이고 金을 강화해주는 金 재성(財星)운, 土 식상(食傷)운이 길운
(吉運)임을 유념해야 한다.

Ⅱ. 종재격 운(運) 보기

1. 종재격 운(運)의 희기(喜忌)

종재격(從强格)의 일주(日主)는 신약(身弱)하지만, 운(運)의 희기(喜忌)는 신약격(身弱格)의 경우를 따르지 않고, 사주 판세를 장악하고 있는 재성(財星)의 기운을 생조(生助)해 주는지, 극설(剋洩)해 주는지에 따라 특별하게 운(運)의 길흉(吉凶)을 판단한다.

운(運)의 종 류	격(格)에 따른 희기(喜忌)의 비교		
	신약격	신왕격	종재격
비 겁 운	길	흉	흉
식 상 운	흉	길	길
재 성 운	흉	길	길
관 살 운	흉	길	흉
인 성 운	길	흉	흉

모든 것의 기준은 재성(財星)이다.

2. 종재격(從財格)의 길운과 흉운

* 火, 비겁(比劫)운 - 흉

비견(比肩)운이나 겁재(劫財)운을 만나면 허약한 丁火 일주(日主)가 기력을 회복하게 되어 재성(財星)을 따르지 않고 겁박을 하며 새로운 분란을 야기하게 되므로 사주 판세가 요동치게 된다.

그 결과, 형제·친구 등의 배신이나 동업, 합자(合資) 등으로 인한 재물(財物) 의 손해가 발생할 우려가 많아진다. 자존심 문제로 인하여 퇴직이나 이혼 등을 결행하여 불리해질 수 있다.

* 土, 식상(食傷)운 - 길

식신(食神)과 상관(傷官)운은 토생금(土生金) 상생(相生)작용으로 인하여 재 성(財星)의 기운이 강해지므로 종재격(從財格)의 사주 판세가 안정된다.

그 결과, 재물(財物)이 모이고 명예와 직장관계가 호전되며 발전할 수 있다. 여자의 경우에는 자식의 경사(慶事)가 있게 된다.

* 金, 재성(財星)운 - 길

편재(偏財)운이나 정재(正財)운은 최고의 길운(吉運)이 된다. 횡재(橫財)할 수 있고 기대를 뛰어넘는 결과를 얻을 수 있다.

그 결과, 아내로 인한 성공을 거둘 수 있고, 막대한 재산(財産)을 증식(增殖)할 수 있다.

* 水, 관살(官殺)운 - 흉

편관(偏官)운이나 정관(正官)운에는, 금생수(金生水) 설기(泄氣)작용으로 인하여 재성(財星)의 기운이 약해지므로 종재격(從財格)의 사주 판세가 흔들린다.

그 결과, 명예와 직장관계가 악화될 수 있다. 남자의 경우에는 자식에 대한 고민이 발생하고, 여자의 경우에는 남자(男子)의 문제로 발목을 잡히게 된다.

* 木, 인성(印星)운 - 흉

편인(偏印)운이나 정인(正印)운에는, 금극목(金剋木)작용으로 재성(財星)의 기운이 약해지고 일주가 기세를 얻게 되므로 새로운 분란이 생긴다.

그 결과, 사업을 시작하여 손해를 보거나 부모문제로 힘들어 하게 된다.

-金편재 -火일주 +金정재 +金정재   木 ⊗火 土 金 水
                                      0 1 2 5 0

辛 丁 庚 庚
丑 酉 辰 申

-土식신 -金편재 +土상관 +金정재

3. 운(運)에 따른 종재격의 변화

가. 종재격 기본도(基本圖) 복습

일주(日主) 丁火를 탱크의 엔진이나 탑재한 포탄으로 볼 수도 있지만 이 책에서 보여주는 그림의 주제는 "등불"이다.

그러나 그 등불은 쇳덩이로 만든 탱크 위에서 보일 듯 말듯 존재한다.

야간의 도로를 밝히기 위함인지, 아니면 탱크의 난방을 위함인지 그 목적은 알 수 없으나, 그 빛은 희미하다.

辰土의 진유합금(辰酉合金)과 丑土의 유축반합(酉丑半合)은 모두 土와 金의 합이므로 모래주머니로 만든 탱크의 방탄벽이라고 볼 수 있다.

丁火 일주는 강한 金을 이용하여 강력하고 튼튼한 전차(戰車), 탱크를 만들어서 거액(巨額)을 받고 전쟁에 참여하였다. 탱크의 철갑은 두꺼워질수록 좋지만 등불은 너무 커져서 탱크에 불이 붙기라도 한다면 그게 더 큰 문제가 될 것이므로 있는 듯 없는 듯 미약한 등불이 더 바람직하다.

행여라도 丁火의 등불이 번져 탱크를 태우는 불상사가 발생하지 않도록 불조심을 하면서 탱크를 몰고 전선(戰線)으로 나가 보자.

-㊎편재　-㊋일주　+㊎정재　+㊎정재　　木 ㊋ 土 金 水

辛 丁 庚 庚
丑 酉 辰 申

　　　　　　　　　　　　　　　　　　　0 1 2 5 0

-㊏식신　-㊎편재　+㊏상관　+㊎정재

전삼도사 호락갱중
(顚三倒四 虎落坑中)
얽히고 설키니 호랑이가
구덩이에 빠진다

木운

나. 木운

* 木 강화 - 金 약화

木의 역량이 커져서 금극목(金剋木)하느라고 金의 역량이 허비되니 종재격 사주 판세가 흔들린다.

법적인 문제가 연발할 수 있다.
배움이나 학업에 지장이 초래되고 부모로 인한 고민이 발생한다.
소송, 계약 등에서 불리한 결과를 얻을 수 있다. 큰 손재(損財)를 당할 수 있고 명예나 건강에 대한 일들이 불리하다.

* 火 강화

木의 역량 증가로 인하여 목생화(木生火)하니 火 역시 강해져서 불리하다. 괜한 고집이나 자존심 등으로 인해 손해가 많고 친구, 동료, 가족의 배신이나 그들로 인한 흉사(凶事)가 우려된다.

* 土 · 水 약화

시비다툼을 벌이게 되고 소송에 휘말릴 수 있다. 관절이나 수족의 손상, 간 질환, 치아손상 등 건강이 악화될 수 있다.

-㊎편재 -㊋일주 +㊎정재 +㊎정재   木 ㊋ 土 金 水

辛 丁 庚 庚   0 1 2 5 0

丑 酉 辰 申

-㊏식신 -㊎편재 +㊏상관 +㊎정재

장졸참마 피환동서
(將卒斬馬 避患東西)

장수와 병사가 말을 베니
근심 피하느라 바쁘다

火운

다. 火운

* 火 강화 - 金 약화

火의 역량이 커져서 金을 겁박하면서 분란을 만드니 종재격 사주 판세가 흔들린다.

큰 손재(損財)를 당할 수 있다.

괜한 고집이나 자존심 등으로 인해 손해가 많고 친구, 동료, 가족의 배신이나 가족의 흉사(凶事)가 우려된다.

* 土 강화

火의 역량 증가로 인하여 화생토(火生土)되어 희신(喜神)인 土 역시 강해지지만 별로 유리하지 않다.

시비다툼을 벌이게 되고 벅찬 소송에 휘말릴 수 있다.

* 木 · 水 약화

법적인 문제가 연발할 수 있다.

배움이나 학업에 지장이 초래되고 부모로 인한 고민이 발생한다.

계약 등에서 불리한 결과를 얻을 수 있다.

관절이나 수족의 손상, 간손상, 치아손상 등 건강이 악화될 수 있다.

-㊎편재 -㊋일주 +㊎정재 +㊎정재   木 ㊋ 土 金 水
辛 丁 庚 庚   0 1 2 5 0
丑 酉 辰 申
-㊏식신 -㊎편재 +㊏상관 +㊎정재

사시순절 상하화목
(四時順節 上下和睦)
계절이 순조로우니
모두가 화목하다

土운

라. 土운

* 土 강화 - 金 강화

土의 역량이 강화되어 토생금(土生金)으로 덩달아 金의 역량이 증가되니 종재격 사주 판세가 안정된다.

새로운 사업이나 학업에 발전이 있고 부모로 인한 고민은 해소된다.
소송, 계약 등에서 유리한 결과를 얻을 수 있다.
금전적으로도 이익을 볼 수 있고 명예나 건강에 대한 일들이 호전된다.

* 火 약화

화생토(火生土) 상생작용을 하느라고 火의 역량이 감소되니 金에게 유리하다.
오래된 분쟁이 해소되고 화합을 도모할 수 있다.

* 木 · 水 약화

모든 일이 잘 풀리니 유유자적(悠悠自適)한다.
의외의 소득(所得)이 있다.
자식으로 인한 기쁨이 있다.

-金편재　-火일주　+金정재　+金정재　　　木 火 土 金 水
辛　丁　庚　庚　　　0 1 2 5 0
丑　酉　辰　申
-土식신　-金편재　+土상관　+金정재

여중서오 백무금기
(與衆庶伍 百無禁忌)

무리와 대오를 이루니
거리낄 것이 전혀 없다

金운

마. 金운

* 金 강화

참신(讖神), 용신(用神)인 金의 역량이 강화되니 종재격 사주 판세가 더욱 안정되는 길운(吉運)이 된다.

재물(財物)로 인한 기쁨이 있게 된다. 금전적인 성취(成就)가 크고 기대 이상의 소득이 있게 된다. 아버지와의 관계가 호전된다. 남자의 경우에는 아내의 내조(內助) 덕분으로 출세하게 되고, 여자의 경우에는 시댁으로부터 효과적인 지원을 받게 된다.

* 水 강화

金의 역량 증가로 인하여 금생수(金生水)하여 水 역시 강해지지만 크게 불리하지 않다. 모든 일이 잘 풀리니 유유자적(悠悠自適)한다. 직장, 명예, 관직의 경사가 있다. 건강이 회복된다.

* 火 · 木 · 土 약화

설기(泄氣)작용으로 火 · 木 · 土의 역량이 감소되니 도리어 유리하다.
분쟁이 해소되고 화합을 도모할 수 있다.

-㊎편재 -㊋일주 +㊎정재 +㊎정재

辛 丁 庚 庚

丑 酉 辰 申

-㊏식신 -㊎편재 +㊏상관 +㊎정재

木	㊋	土	金	水
0	1	2	5	0

유료방방 육위수어
(流潦滂滂 陸爲水魚)

큰 비가 퍼부으니
육지가 물고기처럼 된다

水운

바. 水운

* 水 강화 - 金 약화

금생수(金生水)하여 홍수가 지니 탱크가 홍수에 빠지는 형국이라서 크게 불리한 흉운(凶運)이다.

자업자득(自業自得)으로서 괜한 시비다툼을 벌이게 되고, 소송 등 법적인 문제가 연발할 수 있다. 재물(財物)에 대한 큰 손해가 발생한다. 관절염, 간염, 심장, 혈압 등이 불안하며 여자의 경우에는 자궁에 불리한 질병이 발생할 수 있다.

* 火 · 土 약화

수극화(水剋火), 토극수(土克水) 등 설기(泄氣)작용으로 火 · 土의 역량이 감소되나 유리함은 없다. 분쟁이 발생하고 불화가 연속된다.

* 木 강화

배움이나 학업에 지장이 초래되고 부모로 인한 고민이 발생한다.
소송, 계약 등에서 불리한 결과를 얻을 수 있다.
명예나 건강에 대한 일들이 불리하다.

-㊎편재 -㊋일주 +㊎정재 +㊎정재   木 ㊋ 土 金 水

辛 丁 庚 庚   0 1 2 5 0

丑 酉 辰 申

-㊏식신 -㊎편재 +㊏상관 +㊎정재

반입화문 난사무서
(反入禍門 亂絲無緖)

도리어 재앙 문으로 드니
얽힌 줄이 실마리가 없다

甲운

사. 간지(干支)에 따른 종재격 운세 통변

(1) 甲운

* 木 강화 - 金 약화

역량이 커진 木이 金을 거역하니 금극목(金剋木)하느라고 金의 역량이 허비되어 종재격 사주 판세가 흔들린다.

새롭게 법적인 문제가 연발할 수 있다. 배움이나 학업에 지장이 초래되고 부모로 인한 고민이 발생한다. 소송, 계약 등에서 불리한 결과를 얻을 수 있다. 벼락을 맞듯이 갑작스럽게 큰 손재(損財)를 당할 수 있고 명예나 건강에 대한 일들이 불리하다.

* 火 강화

木의 역량 증가로 인하여 목생화(木生火)하니 火 역시 강해져서 불리하다. 괜한 고집이나 자존심 등으로 인해 손해가 많고 친구, 동료, 가족의 배신이나 가족의 흉사(凶事)가 우려된다.

* 土 · 水 약화

시비다툼을 벌이게 되고 소송에 휘말릴 수 있다. 관절이나 수족의 손상, 간질환, 치아손상 등 건강이 악화될 수 있다.

-㊎편재 -㊋일주 +㊎정재 +㊎정재　　木 ㊋ 土 金 水
　　　　　　　　　　　　　　　　0　1　2　5　0

辛 丁 庚 庚
丑 酉 辰 申

-㊏식신 -㊎편재 +㊏상관 +㊎정재

고목개화 봉황래사
(枯木開花 鳳凰來舍)

고목에서 꽃이 피니
봉황이 집으로 날아든다

(2) 乙운

* 木 강화 - 金 약화

木의 역량이 커져서 금극목(金剋木)하느라고 金의 역량이 허비되니 종재격 사주 판세가 흔들릴 수 있다.

* 전화위복(轉禍爲福) - 乙庚合金

木운의 불리함이 을경합금(乙庚合金)으로 인하여 해소된다.

乙木은 연간(年干) 월간(月干) 庚과 쌍쌍으로 간합(干合)을 하여 결국 金의 기운을 증가시키므로 신중하게 처신하면 역경을 극복하고 작은 성취를 이룰 수 있는 운이 된다. 배움, 취업, 직장 등의 일은 무난하며 건강은 약간 호전된다.

* 火 강화

火의 강화는 크게 두렵지 않다. 직장, 명예, 관직의 경사가 있다.

* 土 · 金 · 水 약화

재물(財物)을 지킬 수 있다. 아버지와의 관계가 좋아진다.

-金편재 -火일주 +金정재 +金정재   木 火 土 金 水
辛 丁 庚 庚   0 1 2 5 0
丑 酉 辰 申
-土식신 -金편재 +土상관 +金정재

피갱입정 전공가석
(避坑入穽 前功可惜)
구덩이 피하려다 함정에 빠지니
옛날 공이 애석하다

(3) 丙운

* 火 강화 - 金 약화

火의 역량이 커져서 金에게 화극금(火克金)하며 억압하고 분란을 만드니 종재격 사주 판세가 많이 흔들려서 불리하다.

* 설상가상(雪上加霜) - 丙辛合水

火의 역량이 증가되어 불리한데, 丙火가 시간(時干) 辛金과 합(合)을 하여 희신 辛金을 흉신(凶神) 水로 변질시키니 더더욱 불리하다. 시비다툼을 벌여 관재구설 등 불리한 법적 문제가 확대 재생산될 수 있다. 괜한 고집이나 자존심 등으로 인해 손해가 많고 친구, 동료, 가족의 배신이나 가족의 흉사(凶事)가 우려된다. 큰 손재(損財)를 당할 수 있고 명예나 건강에 대한 일들이 불리하다.

* 土 강화

火의 역량 증가로 인하여 화생토(火生土)하니 희신(喜神)인 土 역시 강해지지만 별로 유리하지 않다. 시비다툼을 벌이게 되고 소송에 휘말릴 수 있다.

* 木 · 水 약화

배움이나 학업에 지장이 초래되고 부모로 인한 고민이 발생한다. 소송, 계약 등에서 불리한 결과를 얻을 수 있다. 관절이나 수족의 손상, 간 질환, 치아손상 등 건강이 악화될 수 있다.

-㊎편재 -㊋일주 +㊎정재 +㊎정재   木 ㊋ 土 金 水
辛 丁 庚 庚   0 1 2 5 0
丑 酉 辰 申
-㊏식신 -㊎편재 +㊏상관 +㊎정재

기행고귀 실가분산
(冀幸高貴 室家分散)
고귀함을 바라지만
집안이 흩어진다

丁운

(4) 丁운

* 火 강화 - 金 약화

火가 강해져서 재성(財星) 金을 억압하고 새로운 분란을 만드니 종재격 사주 판세가 흔들린다.

괜한 고집이나 자존심 등으로 인해 손해가 많다.
친구, 동료, 가족의 배신이나 가족의 흉사(凶事)가 우려된다.
큰 손재(損財)를 당할 수 있고 명예나 건강에 대한 일들이 불리하다.

* 土 강화

火의 역량 증가로 인하여 화생토(火生土)하여 희신(喜神)인 土 역시 강해지지만 별로 유리하지 않다.
시비다툼을 벌이게 되고 소송에 휘말릴 수 있다.

* 木 · 水 약화

법적인 문제가 연발할 수 있다.
배움이나 학업에 지장이 초래되고 부모로 인한 고민이 발생한다.
소송, 계약 등에서 불리한 결과를 얻을 수 있다.
관절이나 수족의 손상, 간 질환, 치아손상 등 건강이 악화될 수 있다.

-㊎편재 -㊋일주 +㊎정재 +㊎정재　　木 ㊋ 土 金 水

辛 丁 庚 庚

0 1 2 5 0

丑 酉 辰 申

-㊏식신 -㊎편재 +㊏상관 +㊎정재

천관사인 신안기처
(天官賜人 身安其處)

戊운

천복을 사람에게 내리니
몸이 편안하다

(5) 戊운

* 土 강화 - 金 강화

土의 역량이 강화되어 토생금(土生金)으로 덩달아 金의 역량도 증가되니 종재격 사주 판세가 안정된다.

새로운 사업이나 학업에 발전이 있고 부모로 인한 고민은 해소된다.
소송, 계약 등에서 유리한 결과를 얻을 수 있다.
금전적으로도 이익을 볼 수 있고 명예나 건강에 대한 일들이 호전된다.

* 火 약화

화생토(火生土) 상생작용으로 火의 역량이 감소되니 유리하다.
분쟁이 해소되고 화합을 도모할 수 있다.

* 木 · 水 약화

모든 일이 잘 풀리니 유유자적(悠悠自適)한다.
의외의 소득(所得)이 있다.
자식으로 인한 기쁨이 있다.

-㊎편재 -㊋일주 +㊎정재 +㊎정재   木 ㊋ 土 金 水
辛 丁 庚 庚   0 1 2 5 0
丑 酉 辰 申
-㊏식신 -㊎편재 +㊏상관 +㊎정재

음양순서 안락화평
(陰陽順序 安樂和平)
음양이 순조로우니
안락하고 평화롭다

己운

(6) 근운

* 土 강화 - 金 강화

土의 역량이 강화되어 토생금(土生金)하니 덩달아 金의 역량이 증가되어 종재격 사주 판세가 안정된다.

새로운 사업이나 학업에 발전이 있고 부모로 인한 고민은 해소된다.
소송, 계약 등에서 유리한 결과를 얻을 수 있다.
금전적으로도 이익을 볼 수 있고 명예나 건강에 대한 일들이 호전된다.

* 火 약화

화생토(火生土) 상생작용으로 火의 역량이 감소되니 유리하다.
분쟁이 해소되고 화합을 도모할 수 있다.

* 木 · 水 약화

모든 일이 잘 풀리니 유유자적(悠悠自適)한다.
의외의 소득(所得)이 있다.
자식의 경사가 있다.

-金편재 -火일주 +金정재 +金정재　　木 ⊘火 土 金 水

辛 丁 庚 庚　　0 1 2 5 0

丑 酉 辰 申

-土식신 -金편재 +土상관 +金정재

청룡득위 일성천하
(靑龍得位 一聲天下)
청룡이 지위를 얻으니
명성이 천하에 퍼진다

庚운

(7) 庚운

* 金 강화

참신(讖神), 용신(用神)인 金의 역량이 강화되니 종재격 사주 판세가 더욱 안정되어 길운(吉運)이 된다.

재물(財物)로 인한 기쁨이 크게 된다.
금전적인 성취(成就)가 크고 기대 이상의 소득이 있게 된다. 아버지와의 관계가 호전된다.
남자의 경우에는 아내의 내조(內助) 덕분으로 출세하게 되고, 여자의 경우에는 시댁으로부터 효과적인 지원을 받게 된다.

* 水 강화

金의 역량 증가로 인하여 금생수(金生水)로 水 역시 강해지지만 크게 불리하지 않다. 모든 일이 잘 풀리니 유유자적(悠悠自適)한다.
직장, 명예, 관직의 경사가 있다. 건강이 회복된다.

* 火 · 木 · 土 약화

설기(泄氣)작용으로 火 · 木 · 土의 역량이 감소되니 도리어 유리하다.
분쟁이 해소되고 화합을 도모할 수 있다.

-金편재 -火일주 +金정재 +金정재   木 ⑨ 土 金 水
辛 丁 庚 庚   0 1 2 5 0
丑 酉 辰 申
-土식신 -金편재 +土상관 +金정재

이인분금 일거양득
(二人分金 一擧兩得)

금을 나누어 가졌으나
한꺼번에 모두를 얻는다

辛운

(8) 辛운

* 金 강화

참신(讖神), 용신(用神)인 金의 역량이 강화되니 종재격 사주 판세가 더욱 안정되어 길운(吉運)이 된다.

재물(財物)로 인한 기쁨이 있게 된다.

금전적인 성취(成就)가 크고 기대 이상의 소득이 있게 된다. 아버지와의 관계가 호전된다.

남자의 경우에는 아내의 내조(內助) 덕분으로 출세하게 되고, 여자의 경우에는 시댁으로부터 효과적인 지원을 받게 된다.

* 水 강화

金의 역량 증가로 인하여 금생수(金生水)하여 水 역시 강해지지만 크게 불리하지 않다. 모든 일이 잘 풀리니 유유자적(悠悠自適)한다.

직장, 명예, 관직의 경사가 있다. 건강이 회복된다.

* 火 · 木 · 土 약화

설기(泄氣)작용으로 火 · 木 · 土의 역량이 감소되니 도리어 유리하다.

분쟁이 해소되고 화합을 도모할 수 있다.

-⦗金⦘편재 -⦗火⦘일주 +⦗金⦘정재 +⦗金⦘정재   木 ⦗火⦘ 土 金 水
辛 丁 庚 庚
丑 酉 辰 申   0 1 2 5 0
-⦗土⦘식신 -⦗金⦘편재 +⦗土⦘상관 +⦗金⦘정재

뇌우인적 우환일생
(雷雨因積 憂患日生)
우레와 비가 쌓이니
근심이 날로 생긴다

壬운

(9) 壬운

* 水 강화 - 金 약화

탱크가 홍수에 빠지는 형국이라서 크게 불리한 흉운(凶運)이다.

* 설상가상(雪上加霜) - 丁壬合木

水의 역량이 증가되어 불리한데, 壬水가 수생목(水生木)하고 일주(日主) 丁火
와 정임합목(丁壬合木)을 하여 흉신 木을 거듭 생산지원하니 더더욱 불리하다.
괜한 고집이나 자존심 등으로 시비다툼을 벌이게 되고, 관재구설 등 불리한 법
적 문제가 확대 재생산될 수 있다.

배움이나 학업에 지장이 초래되고 부모나 가족으로 인한 고민이 연발한다. 소
송, 계약 등에서 불리한 결과를 얻을 수 있다.

* 火 · 土 약화

설기(泄氣)작용으로 火 · 土의 역량이 감소되나 유리함은 없다.
분쟁이 발생하고 불화가 연속된다.

* 木 강화

명예나 건강에 대한 일들이 불리하다.

				木	火	土	金	水
				0	1	2	5	0

-㊎편재 -㊋일주 +㊎정재 +㊎정재

辛 丁 庚 庚
丑 酉 辰 申

-㊏식신 -㊎편재 +㊏상관 +㊎정재

구음림우 비진복록
(久陰霖雨 費盡福祿)

오랜 장마비로
복록을 허비한다

癸운

(10) 癸운

* 水 강화 - 金 약화

탱크가 홍수에 빠지는 형국이라서 크게 불리한 흉운(凶運)이다.

괜한 시비다툼을 벌이게 되고, 소송 등 법적인 문제가 연발할 수 있다.
재물(財物)에 대한 큰 손해가 발생한다.
관절염, 간염, 심장, 혈압 등이 불안하다.
여자의 경우에는 자궁에 질병이 발생할 수 있다.

* 火 · 土 약화

수극화(水剋火), 토극수(土克水) 등 설기(泄氣)작용으로 火 · 土의 역량이 감
소되나 유리함은 없다.
분쟁이 발생하고 불화가 연속된다.

* 木 강화

배움이나 학업에 지장이 초래되고 부모로 인한 고민이 발생한다.
소송, 계약 등에서 불리한 결과를 얻을 수 있다.
명예나 건강에 대한 일들이 불리하다.

-金편재 -火일주 +金정재 +金정재 　木 火 土 金 水
　　　　　　　　　　　　　　0 1 2 5 0
辛 丁 庚 庚
丑 酉 辰 申
-土식신 -金편재 +土상관 +金정재

(11) 子운

* 水 강화 - 金 약화

금생수(金生水)하여 탱크가 홍수에 빠지는 형국이라서 크게 불리한 흉운(凶運)이다.

* 설상가상(雪上加霜) - 申子辰삼합, (亥)子丑방합

흉신 水의 역량이 증가되어 불리한데, 子水가 희신(喜神)인 연지(年支) 申과 월지(月支) 辰을 붙들고 신자진(申子辰)삼합을 하여 홍수(洪水)를 만들어 내고, 또한 시지(時支) 丑과는 (해)자축(亥子丑)방합을 하여 또 다시 수(水)를 만들어 내니 불리함이 변화무쌍하다.

子는 시지(時支) 丑과 子丑합을 하여 土를 생산하기도 하지만, 대세가 홍수(洪水)로 기울었기 때문에 자축합토(子丑合土)의 길함은 기대할 수 없다.

괜한 고집이나 자존심 등으로 시비다툼을 벌이게 되고, 관재구설 등 불리한 법적 문제가 확대 재생산될 수 있다.

배움이나 학업에 지장이 초래되고 부모나 가족으로 인한 고민이 연발한다.

소송, 계약 등에서 불리한 결과를 얻을 수 있다.

-金편재 -火일주 +金정재 +金정재   木 火 土 金 水
辛　丁　庚　庚   0 1 2 5 0
丑　酉　辰　申
-土식신 -金편재 +土상관 +金정재

뇌우부지 백마위흉
(雷雨不止 白馬爲洶)
뇌우가 그치지 않으니
백마가 물결에 휩쓸린다

子운

子운

* 水 강화 - 金 약화

탱크가 홍수에 빠지는 형국이라서 크게 불리한 흉운(凶運)이다.

* 火 · 土 약화

수극화(水剋火), 토극수(土克水) 등 설기(泄氣)작용으로 火 · 土의 역량이 감
소되나 유리함은 없다.
분쟁이 발생하고 불화가 연속된다.

* 木 강화

수생목(水生木)으로 木이 강해지니 학업에 지장이 초래된다.
부모로 인한 고민이 발생한다.
소송, 계약 등에서 불리한 결과를 얻을 수 있다.
관절염, 간염, 심장, 혈압 등이 불안하다.
여자의 경우에는 자궁에 질병이 발생할 수 있다.
명예나 건강에 대한 일들이 불리하다.

-金편재 -火일주 +金정재 +金정재

木	火	土	金	水
0	1	2	5	0

辛 丁 庚 庚
丑 酉 辰 申

-土식신 -金편재 +土상관 +金정재

상하다정 불쟁희화
(上下多情 不爭喜和)
상하가 모두 다정하니
싸우지 않고 화합한다

(12) 丑운

* 土 강화 - 金 강화

土의 역량이 강화되어 덩달아 토생금(土生金)으로 金의 역량이 증가되니 종재격 사주 판세가 안정된다.

* 금상첨화(錦上添花) - 酉丑合金

희신 土의 역량이 증가되어 기쁜데, 丑土가 일지(日支) 酉金과 합(合)을 하여 金으로 변화하니 성취의 기쁨이 배가(倍加)된다. 오래된 소원을 이루게 되며, 배움, 취업, 직장 등에서 경사가 있다. 가족의 단합이나 가정의 기쁨이 있게 된다. 새로운 사업이나 학업에 발전이 있고 부모로 인한 고민은 해소된다. 소송, 계약 등에서 유리한 결과를 얻을 수 있다. 금전적으로도 이익을 볼 수 있고 명예나 건강에 대한 일들이 호전된다.

* 火 약화

화생토(火生土) 설기(泄氣)작용으로 火의 역량이 감소되니 유리하다.
분쟁이 해소되고 화합을 도모할 수 있다.

* 木 · 水 약화

모든 일이 잘 풀리니 유유자적(悠悠自適)한다.

-㊎편재 -㊋일주 +㊎정재 +㊎정재   木 ㊋ 土 金 水
辛 丁 庚 庚   0 1 2 5 0
丑 酉 辰 申
-㊏식신 -㊎편재 +㊏상관 +㊎정재

부우상산 역렬행난
(負牛上山 力劣行難)
소를 지고 산을 오르니
힘에 부쳐 가기가 어렵다

寅운

(13) 寅운

* 木 강화 - 金 약화

木의 역량이 커져서 금극목(金剋木)하느라고 金의 역량이 허비되니 종재격 사주 판세가 흔들려서 불리하다.

* 설상가상(雪上加霜) - 寅申충

木의 역량이 증가되어 불리한데, 寅木이 연지(年支) 申金과 인신(寅申)으로 충을 하여 희신 申金의 역량을 감소시키니 더더욱 불리하다. 괜한 고집이나 자존심 등으로 시비다툼을 벌이게 되고, 관재구설 등 불리한 법적 문제가 확대 재생산될 수 있다. 배움이나 학업에 지장이 초래되고 부모나 가족으로 인한 고민이 연발한다. 소송, 계약 등에서 불리한 결과를 얻을 수 있다.

* 火 강화

木의 역량 증가로 인하여 목생화(木生火)하니 火 역시 강해져서 불리하다. 괜한 고집이나 자존심 등으로 인해 손해가 많고 친구, 동료, 가족의 배신이나 가족의 흉사(凶事)가 우려된다.

* 土 · 水 약화

시비다툼을 벌이게 되고 소송에 휘말릴 수 있다.
관절이나 수족의 손상, 간 질환, 치아손상 등 건강이 악화될 수 있다.

-㊎편재 -㊋일주 +㊎정재 +㊎정재　　木 ㊋ 土 金 水

辛 丁 庚 庚　　0 1 2 5 0

丑 酉 辰 申

-㊏식신 -㊎편재 +㊏상관 +㊎정재

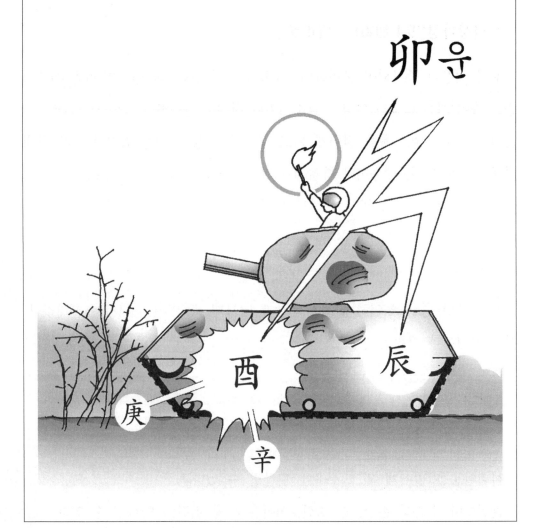

(14) 卯운

* 木 강화 - 金 약화

木의 역량이 커져서 금극목(金剋木)하느라고 金의 역량이 허비되니 종재격 사주 판세가 흔들거려서 불리하다.

* 설상가상(雪上加霜) - (寅)卯辰방합, 卯酉충

木의 역량이 증가되어 불리한데, 卯木이 희신인 월지(月支) 辰土와 (寅)卯辰 방합을 하여 희신 辰土를 흉신으로 변질시키니 더욱 불리하다.

또한, 卯木은 일지(日支) 酉金과 卯酉충을 하니 설상가상(雪上加霜)이라서 더욱 불길하다.

괜한 고집이나 자존심 등으로 시비다툼을 벌이게 된다.
관재구설 등 불리한 법적 문제가 확대 재생산될 수 있다.
배움이나 학업에 지장이 초래되고 부모나 가족으로 인한 고민이 연발한다.
소송, 계약 등에서 불리한 결과를 얻을 수 있다.

-㊎편재 -㊋일주 +㊎정재 +㊎정재   木 ㊋ 土 金 水
辛 丁 庚 庚   0 1 2 5 0
丑 酉 辰 申
-㊏식신 -㊎편재 +㊏상관 +㊎정재

동익궐급 진퇴유곡
(動益蹶急 進退幽谷)
움직일수록 더 넘어지니
나아가지도 물러서지도 못한다

卯운

卯운

* 木 강화 - 金 약화

木의 역량이 커져서 금극목(金剋木)하느라고 金의 역량이 허비되니 종재격 사주 판세가 흔들거려서 불리하다.

* 火 강화

木의 역량 증가로 인하여 목생화(木生火)하니 火가 강해져서 불리하다.

괜한 고집이나 자존심 등으로 인해 손해가 많다.

친구, 동료, 가족의 배신이나 가족의 흉사(凶事)가 우려된다.

* 土 · 水 약화

시비다툼을 벌이게 되고 소송에 휘말릴 수 있다.

관절이나 수족의 손상, 간 질환, 치아손상 등 건강이 악화될 수 있다.

가정 불화가 발생한다.

-金편재 -火일주 +金정재 +金정재　　木 ⓥ 土 金 水
　　　　　　　　　　　　　　　　0 1 2 5 0

辛 丁 庚 庚
丑 酉 辰 申

-土식신 -金편재 +土상관 +金정재

희기영문 함화건덕
(喜氣盈門 含和建德)
기쁨이 문에 들어오니
화합하며 덕을 세운다

(15) 辰운

* 土 강화 - 金 강화

土의 역량이 강화되어 토생금(土生金)하니 덩달아 金의 역량이 증가되어 종재격 사주 판세가 안정된다.

* 금상첨화(錦上添花) - 辰酉合金

희신 土의 역량이 증가되어 기쁜데, 辰土가 일지(日支) 酉金과 합(合)을 하여 金으로 변화하니 성취의 기쁨이 배가(倍加)된다. 오래된 소원을 이루게 되고, 배움, 취업, 직장 등에서 경사가 있게 되며, 건강은 호전된다. 가족의 단합이나 가정의 기쁨이 있게 된다.

* 火 약화

화생토(火生土) 상생작용으로 火의 역량이 감소되니 유리하다.
분쟁이 해소되고 화합을 도모할 수 있다.

* 木 · 水 약화

모든 일이 잘 풀리니 유유자적(悠悠自適)한다.
의외의 소득(所得)이 있다.
자식으로 인한 기쁨이 있다.

-㊎편재 -㊋일주 +㊎정재 +㊎정재　　木 ㊋ 土 金 水
　　　　　　　　　　　　　　　　　0 1 2 5 0

辛 丁 庚 庚
丑 酉 辰 申

-㊏식신 -㊎편재 +㊏상관 +㊎정재

(16) 巳운

* 火 강화 - 金 약화

火의 역량이 커져 화극금(火克金)하면서 金을 겁박하고 분란을 만드니 종재격 사주 판세가 흔들린다.

* 전화위복(轉禍爲福) - 巳酉丑合金

火운의 불리함이 사유축(巳酉丑)삼합으로 인하여 해소된다. 巳火는 일지(日支) 酉金과 시지(時支) 丑土를 붙들고 사유축(巳酉丑)삼합을 하여 결국 金의 기운을 증가시키므로 신중하게 처신하면 상황을 호전시켜 작은 성취를 이룰 수 있게 된다.

* 설상가상(雪上加霜) - 巳申合水

巳火는 길신(吉神)인 연지(年支) 申金과 巳申으로 합(合)을 하여 흉신 水를 생산하므로 불리하다.

* 길흉 교차

길흉(吉凶)이 혼란스럽게 교차하므로 신중하게 처신할 필요가 있다. 배움, 취업, 직장 등의 일은 무난하며 건강은 약간 호전될 수 있지만 괜한 고집이나 자존심은 도움이 안 된다. 소송, 계약 등에서 불리한 결과를 얻을 수 있다.

-⦿金편재 -⦿火일주 +⦿金정재 +⦿金정재　　木 ⦿火 土 金 水
　　　　　　　　　　　　　　　　　0　1　2　5　0
辛 丁 庚 庚
丑 酉 辰 申
-⦿土식신 -⦿金편재 +⦿土상관 +⦿金정재

의수본령 불성구수
(宜守本領 不成仇讐)
마땅히 분수를 지키니
원수가 되지 않는다

巳운

巳운

* 火 강화 - 金 약화

火의 역량이 커져서 화극금(火克金)하며 金을 겁박하고 분란을 만드니 종재격 사주 판세가 흔들린다.

* 土 강화

火의 역량 증가로 인하여 화생토(火生土)하니 희신(喜神)인 土 역시 강해지지만 별로 유리하지 않다.

시비다툼을 벌이게 되고 소송에 휘말릴 수 있다.

* 木 · 水 약화

법적인 문제가 연발할 수 있다.

배움이나 학업에 지장이 초래되고 부모로 인한 고민이 발생한다.

소송, 계약 등에서 불리한 결과를 얻을 수 있다.

관절이나 수족의 손상, 간 질환, 치아손상 등 건강이 악화될 수 있다.

* 구사일생(九死一生)

巳酉丑삼합으로 인하여 최악은 모면할 수 있다.

-㊎편재　-㊋일주　+㊎정재　+㊎정재　　　木 ㊋ 土 金 水

辛 丁 庚 庚　　　0 1 2 5 0

丑 酉 辰 申

-㊏식신　-㊎편재　+㊏상관　+㊎정재

뇌명홀기 괴멸본거
(雷鳴忽起 壞滅本據)
우레가 홀연히 일어나서
본거지를 괴멸시킨다

午운

(17) 午운

* 火 강화 - 金 약화

火의 역량이 커져서 화극금(火克金)하며 金을 겁박하고 분란을 만드니 종재격 사주 판세가 흔들린다.

괜한 고집이나 자존심 등으로 인해 손해가 많다.
친구, 동료, 가족의 배신이나 가족의 흉사(凶事)가 우려된다.
큰 손재(損財)를 당할 수 있고 명예나 건강에 대한 일들이 불리하다.

* 土 강화

火의 역량 증가로 인하여 화생토(火生土)로 희신(喜神)인 土 역시 강해지지만 별로 유리하지 않다.
시비다툼을 벌이게 되고 소송에 휘말릴 수 있다.

* 木 · 水 약화

법적인 문제가 연발할 수 있다.
배움이나 학업에 지장이 초래되고 부모로 인한 고민이 발생한다.
소송, 계약 등에서 불리한 결과를 얻을 수 있다.
관절이나 수족의 손상, 간 질환, 치아손상 등 건강이 악화될 수 있다.

-㊎편재　-㊋일주　+㊎정재　+㊎정재　　木 ㊋ 土 金 水
辛 丁 庚 庚　　　　0 1 2 5 0
丑 酉 辰 申
-㊏식신　-㊎편재　+㊏상관　+㊎정재

옹옹제방 덕의연홍
(甕甕堤防 德義淵泓)

제방을 튼튼하게 쌓으니
덕과 의리가 깊어진다

未운

(18) 未운

* 土 강화 - 金 강화

土의 역량이 강화되어 토생금(土生金)으로 덩달아 金의 역량이 증가되니 종재격 사주 판세가 안정된다.

새로운 사업이나 학업에 발전이 있고 부모로 인한 고민은 해소된다.
소송, 계약 등에서 유리한 결과를 얻을 수 있다.
금전적으로도 이익을 볼 수 있고 명예나 건강에 대한 일들이 호전된다.

* 火 약화

화생토(火生土) 상생작용으로 火의 역량이 감소되니 유리하다.
분쟁이 해소되고 화합을 도모할 수 있다.

* 木 · 水 약화

모든 일이 잘 풀리니 유유자적(悠悠自適)한다.
의외의 소득(所得)이 있다.
자식으로 인한 기쁨이 있다.

-⦾金편재 -⦾火일주 +⦾金정재 +⦾金정재   木 ⦿火 土 金 水
                               0 1 2 5 0

辛 丁 庚 庚
丑 酉 辰 申

-⦾土식신 -⦾金편재 +⦾土상관 +⦾金정재

봉명기산 녹안신전
(鳳鳴岐山 祿安身全)
봉황이 기산에서 우짖으니
벼슬과 몸이 편안하다

(19) 申운

* 金 강화

참신(讖神), 용신(用神)인 金의 역량이 강화되니 종재격 사주 판세가 더욱 안정되는 길운(吉運)이 된다.

* 금상첨화(錦上添花) - 申酉(戌)방합

참신(讖神), 용신(用神)인 金의 역량이 강화되니 반가운데, 申金이 일지(日支) 酉金과 申酉(戌)방합을 하여 金의 역량을 키워주니 성취의 기쁨이 배가(倍加)된다.

재물(財物)로 인한 큰 기쁨이 있게 된다. 금전적인 성취(成就)가 크고 기대 이상의 소득이 있게 된다. 아버지와의 관계가 호전된다. 남자의 경우에는 아내의 내조(內助) 덕분으로 출세하게 되고, 여자의 경우에는 시댁으로부터 효과적인 지원을 받게 된다.

* 水 강화

모든 일이 잘 풀리니 유유자적(悠悠自適)한다.

* 火 · 木 · 土 약화

설기(泄氣)작용으로 火 · 木 · 土의 역량이 감소되니 도리어 유리하다.
분쟁이 해소되고 화합을 도모할 수 있다.

-辛 편재 -丁 일주 +庚 정재 +庚 정재   木 火 土 金 水
辛 丁 庚 庚   0 1 2 5 0
丑 酉 辰 申
-土 식신 -金 편재 +土 상관 +金 정재

(20) 酉운

* 金 강화

참신(讖神), 용신(用神)인 金의 역량이 강화되니 종재격 사주 판세가 더욱 안정되는 길운(吉運)이 된다.

* 금상첨화(錦上添花) - 申酉(戌)방합, (巳)酉丑삼합, 辰酉合金

참신(讖神), 용신(用神)인 金의 역량이 강화되어 기쁜데, 酉金이 3중으로 합(合)을 하여 모두 金을 생산하니 성취의 기쁨이 배가(倍加)된다.

酉金은 연지(年支) 申金과 申酉(戌)방합을 하여 金을 생산한다.
酉金은 시지(時支) 丑土와 (巳)酉丑삼합을 하여 金을 생산한다.
酉金은 월지(月支) 辰土와 辰酉合金하여 金을 생산한다.

오래된 소원을 이루게 되며, 배움, 취업, 직장 등에서 경사가 있게 된다. 건강은 호전된다. 가족의 단합이나 가정의 기쁨이 있게 된다.

재물(財物)로 인한 큰 기쁨이 있게 된다. 금전적인 성취(成就)가 크고 기대 이상의 소득이 있게 된다. 아버지와의 관계가 호전된다. 남자의 경우에는 아내의 내조(內助) 덕분으로 출세하게 되고, 여자의 경우에는 시댁으로부터 효과적인 지원을 받게 된다.

-㊎편재 -㊍일주 +㊎정재 +㊎정재   木 ㊋ 土 金 水
　　　　　　　　　　　　　　　　　　0　1　2　5　0
辛　丁　庚　庚
丑　酉　辰　申
-㊏식신 -㊎편재 +㊏상관 +㊎정재

삼분천하 과기소망
(三分天下 過其所望)
천하를 셋으로 나누어
바라던 것보다 더 얻는다

酉운

酉운

* 金 강화

참신(讖神), 용신(用神)인 金의 역량이 강화되니 종재격 사주 판세가 더욱 안정되는 길운(吉運)이 된다.

* 水 강화

金의 역량 증가로 인하여 금생수(金生水)하니 水 역시 강해지지만 크게 불리하지 않다.

모든 일이 잘 풀리니 유유자적(悠悠自適)한다.

직장, 명예, 관직의 경사가 있다. 건강이 회복된다.

* 火 · 木 · 土 약화

설기(泄氣)작용으로 火 · 木 · 土의 역량이 감소되니 도리어 유리하다.

분쟁이 해소되고 화합을 도모할 수 있다.

의외의 성공을 거둔다.

가족이 화합한다.

-金편재 -火일주 +金정재 +金정재　　木 ⊙火 土 金 水

辛 丁 庚 庚　　0 1 2 5 0

丑 酉 辰 申

-土식신 -金편재 +土상관 +金정재

(21) 戌운

* 土 강화 - 金 강화

土의 역량이 강화되어 토생금(土生金)하니 덩달아 金의 역량이 증가되어 종재격 사주 판세가 안정된다.

* 금상첨화(錦上添花) - 申酉戌삼합

희신 土의 역량이 증가되어 기쁜데, 戌土가 연지(年支) 申金과 일지(日支) 酉金을 붙들고 신유술(申酉戌)방합을 하여 金의 기운을 강력하게 증가시키니 더더욱 성취의 기쁨이 있게 된다.

좋은 아이디어로 성공하게 되며 오래된 소원을 이루게 된다.

금전적인 이익을 볼 수 있고 명예나 건강에 대한 일들이 호전된다.

* 호사다마(好事多魔) - 辰戌충

土의 역량이 증가되어 유리한데, 戌土가 월지(月支) 辰土와 辰戌충을 하여 역량의 손상을 유발하고 분란을 일으키니 불리하다. 희신들끼리의 충돌이라 더욱 안타깝다.

쓸데없는 고집이나 자존심 등으로 시비다툼을 벌이게 되고, 관재구설 등 불리한 법적 문제가 확대 재생산될 수 있음을 유념해야 한다.

-⑳편재 -⑪일주 +⑳정재 +⑳정재 　木 ⑪ 土 金 水

辛 丁 庚 庚 　0 1 2 5 0

丑 酉 辰 申

-⑳식신 -⑳편재 +⑳상관 +⑳정재

이중건도 우자득환
(泥中乾道 憂者得歡)
진흙 속에 천도가 있음에
근심하던 자가 기뻐한다

戌운

戌운

* 土 강화 - 金 강화

土의 역량이 강화되어 토생금(土生金)하니 덩달아 金의 역량이 증가되어 종재격 사주 판세가 안정된다.

* 火 약화

화생토(火生土) 상생작용으로 火의 역량이 감소되니 유리하다.
분쟁이 해소되고 화합을 도모할 수 있다.

* 木 · 水 약화

모든 일이 잘 풀리니 유유자적(悠悠自適)한다.
의외의 소득(所得)이 있다.
오래된 숙원을 이룬다.
가족이 화합한다.
자식으로 인한 기쁨이 있다.

-㊎편재 -㊋일주 +㊎정재 +㊎정재   木 ㊋ 土 金 水
辛 丁 庚 庚   0 1 2 5 0
丑 酉 辰 申
-㊏식신 -㊎편재 +㊏상관 +㊎정재

가재해우 노도용약
(家在海隅 怒濤湧躍)
집은 바다 모퉁이에 있는데
성난 파도가 용솟음친다

亥운

(22) 亥운

* 水 강화 - 金 약화

탱크가 홍수에 빠지는 형국이라서 크게 불리한 흉운(凶運)이다.

괜한 시비다툼을 벌이게 된다.

소송이나 구속 등 법적인 문제가 연발할 수 있다.

재물(財物)에 대한 큰 손해가 발생한다.

관절염, 간염, 심장, 혈압 등이 불안하다.

여자의 경우에는 자궁에 질병이 발생할 수 있다.

* 火 · 土 약화

水의 설기(泄氣)작용으로 火 · 土의 역량이 감소되나 유리함은 없다.

분쟁이 발생하고 불화가 연속된다.

* 木 강화

수생목(水生木)하여 木이 강해지니 배움에 지장이 초래된다.

부모로 인한 고민이 발생한다.

소송, 계약 등에서 불리한 결과를 얻을 수 있다.

명예나 건강에 대한 일들이 불리하다.

저/자/소/개

■ 범전 김춘기 (凡田 金春基)

사단법인 한국역리학회 중앙학술위원
역곡 김사주 철학원 운영(부천)

[저서]
■『그림으로 배우는 사주원리』(백산출판사)
■『신살 · 격국 총정리』(백산출판사)
■『궁합과 성클리닉』(백산출판사)
■『사주통변실례 ①』(백산출판사)
■『사주통변실례 ②』(백산출판사)
■『사주통변실례 ③』(백산출판사)
■『개와 늑대의 속궁합』(경덕출판사)
■『골프황제의 19홀』(경덕출판사)
■『신세대 궁합코드』(경덕출판사)
■『명당인가 퐁당인가』(경덕출판사)

전화 : 010-4645-4984
블로그 : http://blog.naver.com/kimsaju4984

그림으로 배우는 **사주통변실례 ③**

2015년 5월 25일 초판 1쇄 인쇄
2015년 5월 30일 초판 1쇄 발행

지은이 김춘기
펴낸이 진욱상 · 진성원
펴낸곳 백산출판사
교 정 편집부
본문디자인 박채린
표지디자인 오정은

등 록 1974년 1월 9일 제1-72호
주 소 서울시 성북구 정릉로 157(백산빌딩 4층)
전 화 02-914-1621/02-917-6240
팩 스 02-912-4438
이메일 editbsp@naver.com
홈페이지 www.ibaeksan.kr

ISBN 979-11-5763-070-7
값 17,000원